구약 역사서,
어떻게 설교할 것인가?

구약 역사서, 어떻게 설교할 것인가?

초판 1쇄 인쇄 2022년 8월 30일
초판 1쇄 발행 2022년 9월 6일

지은이 신득일
펴낸이 유동휘
펴낸곳 SFC출판부
등록 제104-95-65000
주소 (06593) 서울특별시 서초구 고무래로 10-5 2층 SFC출판부
Tel (02)596-8493
Fax 0505-300-5437
홈페이지 www.sfcbooks.com
이메일 sfcbooks@sfcbooks.com
기획 · 편집 편집부
디자인편집 최건호
ISBN 979-11-87942-69-6 (03230)
값 12,000원

구약 역사서, 어떻게 설교할 것인가?

신득일 지음

SFC

목차

추천의 글

역사서를 개론적으로 안내하는 책들에 대한 일반적인 기대를 가지고 저자가 쓴 이 책을 펼쳐 보았습니다. 하지만 저자는 보기 좋게 그와 같은 일반적인 기대를 뛰어 넘습니다. 이 책은 단순히 역사서를 설교하는 방법론이나 실제적인 기술만을 전달하지 않습니다. 대신 독자 또는 설교자로 하여금 구약 역사서를 관통하는 성경 신학적인 열 가지 주제를 만나도록 안내합니다. 따라서 각 주제 그 자체로도 흥미롭지만, 그보다 그런 주제들에 맞춰서 구약 역사서를 통찰할 수 있다는 점에서 매우 큰 유익을 얻을 수 있을 것입니다. 이 한 권의 책을 다 읽으면 새로운 주제로 구약 역사서를 열 번 읽은 효과를 얻을 수 있습니다. 게다가 저자는 오랫동안 고대 근동과 역사서에 대한 역사적 맥락과 문헌학적 연구에 헌신해 오신 분입니다. 독자는 이런 구약 역사서의 최고 전문가로부터 역사적, 신학적, 문헌학적 관점으로 역사서를 관통해 가는 즐거움을 누리게 될 것입니다. 읽고 나니 구약 역사서의 거대한 맥락을 손에 쥔 듯한 웅장함이 느껴집니다.

_강화구(제일영도교회 담임목사, 고신대학교 강사)

성경연구에 관한 많은 책들 가운데서 이 책은 독특한 위치를 차지합니다. 왜냐하면 이 책은 기존의 다양한 종류의 연구들을 잇는 간-서적적inter-biblical 연구서이기 때문입니다. 즉 주해와 설교 사이를 잇고, 주석과 신학을 잇고, 각론과 개론을 잇고, 역사서와 성경 전체를 잇는 책입니다. 또한 저자에게 이 책은 시련의 때를 포함해 상당한 세

월에 걸쳐 작성한 간-생애적inter-lifetime 책이기도 합니다. 한국동남연구원에서 해마다 겨울세미나를 개최하면서 발표된 논문들이 쌓이면 저자별 단행본을 출판하는 것을 기대했는데, 첫 테이프를 끊어주신 저자에게 감사드립니다. 이 책은 독자 또는 설교자에게 다음과 같은 유익을 줄 것입니다. 첫째는 구약 역사서를 새롭게 파악하게 해줄 것입니다. 비록 저자는 주제별로 접근하면서 역사서에 대한 전체적인 조망을 의도하지는 않았지만, 의외로 독자는 주제별로 읽으면서 역사서 전체를 새롭게 파악하게될 것입니다. 둘째는 성경 전체에서 역사서의 위치를 자연스럽게 정립하게 될 것입니다. 셋째는 역사서를 설교할 때 그 특징들을 알고 설교할 수 있음은 물론, 어떻게 설교할지에 대한 좋은 본과 안내를 받을 수 있을 것입니다. 넷째는 각 주제에 따라 함께 발표되었던 논문들을 참조함으로써 주제별 성경신학적 연구와 가르침이 가능하게 될것입니다. 한국 교회에 이런 귀한 책이 출판됨을 기쁘게 생각하면서 적극 추천합니다.

_문장환(진주삼일교회 담임목사, 한국동남성경연구원장)

저자는 평생 구속사 연구에 기초한 개혁주의적 구약성경의 해석에 천착하였습니다. 그런 구속사적 성경해석을 통해, 저자는 건강한 교회의 성장과 부흥을 지향하였습니다. 이 책, 『구약 역사서, 어떻게 설교할 것인가?』는 구속사적 성경해석의 원리와 지침을 구체적으로 보여주는 역작입니다. 이 책은 성경의 10가지 중요 주제들—구원, 종말, 교회, 성령, 하나님 나라, 윤리, 칭의와 성화, 영성, 선교, 고난—을 구속사적 관점에서 해석하고 있습니다. 여기에는 구속사적 성경해석에 평생을 받친 학자의 빛나는 통찰과 탁월한 가르침이 가득 차 있습니다. 그러므로 이 책을 읽는 독자는 올바른 구약성경 해석의 원리와 실례를 풍성하게 만나게 될 것입니다. 뿐만 아니라 설교자는 성경의 어려운 주제들을 정당하게 다룰 수 있는 지혜를 얻게 될 것입니다. 이 책은 구약성경을 올바르게 해석하기를 원하는 독자, 그리고 성경 말씀을 정당하게 선포함으로써 건강한 교회를 세우고자 하는 설교자에게 하나의 랜드마크landmark가 될 것입니다.

_최윤갑(고신대학교 신학과 교수)

서문

이 책의 제목만 본다면, 마치 구약 역사서를 설교하는 방법을 알려주는 책처럼 보일 수 있다. 그러나 이 책은 단순히 설교의 방법론이나 설교의 예시를 위해 쓴 것이 아니다. 그보다 구약 역사서의 본문주석을 통하여 설교를 작성할 수 있도록, 나아가 본문을 메시지로 만들어서 설교에 대한 통찰력을 얻을 수 있도록 하기 위해서 쓴 것이다.

이 책은 열 가지의 주제를 구약 역사서의 본문주석을 통하여 메시지로 구성했다. '설교를 위한 주석homiletic exegesis'은 설교의 성패가 달려있는 토대에 해당한다. 그런데 여기서 본문을 주석하는 방법으로 문헌학적언어, 문학 방법, 역사적 방법, 그리고 신학적 방법을 사용했는데, 이런 방법론을 사용한 이유를 간단히 설명하면 다음과 같다.

첫째, 문헌학적philological 방법에서 '문헌학적'이란 말은 현대인에게는 생소하게 느껴질 수 있는 용어지만, 고대문헌을 다룰 때 사용하는 언어나 문학과 관련된 것을 말한다. 전통적으로는 이와 관련해 '문법적 해석'이란 말을 썼는데, 이것은 언어학의 영역 가운데 주로 '형태론'에 한정된다. 때문에 여기서는 문학적인 요소를 고려할 여지가 없게 된다. 그러나 성경해석 방법은 문학 장르에 크게 의존하기 때문에 '문법적 접근'으로는 제한적일 수밖에 없다. 물론 성경해석에 다양한 현대 언어학이론이나 문학이론을 그대로 적용하는 것은 아니지만, 텍스트를 접할 때는 항상 언어학과 문학적인 면을 고려해야 하기 때문에 '문헌학적 접근방식'은 성경과 같은 고대문헌을 해석하는 데 적합하다.

둘째, 역사적historical 방법에서 '역사적'이란 하나님의 계시가 말씀, 즉 언어로만 주어진 것이 아니라 역사적인 사건으로 주어졌기 때문에 고려해야만 하는 부분이다. 구약 역사서는 하나님의 일로 가득 차 있다. 그것이 역사적인 사건이 아니라면 성경을 믿을 이유도 없을 것이다. 구약의 역사적 사건은 실제로 일어난 일이기 때문에 독자가 그 역사와 배경에 대한 지식이 있다면 본문을 보다 명확하게 이해할 수 있을 것이다. 특히 구약의 역사를 잘 이해하기 위해서는 고대근동의 역사는 물론 고고학과 지리학의 도움이 많이 필요하다. 무엇보다도 구약 역사서가 역사적으로 다 실증되지는 않는다 하더라도 그 본문이 하나님의 영감된, 권위 있는 말씀이라는 것을 받아들이는 고백적인 자세가 중요하다.

셋째, 신학적theological 방법에서 '신학적'이란 비록 구약 역사서의 각권은 서로 별개의 책이지만 그 전체를 관통하는 통일된 사상이 있기 때문에 고려해야만 하는 부분이다. 특히 그 통일된 관점에서 가장 중요한 것은 '구속사'이다. 그 중에서도 구약 역사서는 오경에서 하나님께서 약속하신 내용이 상당부분 성취된 것을 보여주는 구속 역사로 가득 차 있다. 구속사란 구속의 의미를 지닌 역사라는 뜻이다. 즉 성경의 역사는 단순히 역사적인 교훈을 주기 위한 것만이 아니라 인류의 구원을 위한 하나님의 일을 보여주기 위해서 기록되었다는 것이다. 이런 점에서 구속사는 그리스도 중심의 관점이기도 하다. 이렇게 구약 역사서의 본문을 이해하는 것이 예수님께서 성경해석자와 설교자에게 요구하는 관점이다요5:39.[1]

이 책에 선택된 열 개의 주제는 필자가 임의로 정한 것이 아니고 <한국동남성경연구원>[2]이 매년 개최한 세미나에서 선정한 것이다. 이 연구원에서는 매년

---

1. 참고, 신득일, 『구속사와 구약주석』(서울: CLC, 2017), 15~41.
2. http://www.kosebi.org/

세미나에서 발표된 연구결과들을 『본문과 설교』라는 정기간행물로 출간했는데, 이 책은 필자가 십 년 동안2012~2021년 그 정기간행물에 실은 글들을 수집한 책이다. 사실 학술지 형태로 간행된 출판물은 기간과 보급에 한계가 있기 때문에 목회에 바쁜 설교자들이 쉽게 접할 수가 없다. 뿐만 아니라 그 간행물은 한주제를 성경 전체에서 다루고 있기 때문에 한 장르에서 다양한 주제를 다루는 집약된 책을 선호하는 독자들의 요구는 충족시키기가 어렵다. 이런 이유로 이번에 그 내용들을 단행본으로 출간하게 되었다.

각기 다른 열 가지의 주제를 다루었지만, 주제의 성격상 같은 본문을 다루어야 하는 경우가 가끔 있기 때문에 독자가 볼 때 일부 반복되는 느낌을 받을 수도 있을 것이다. 가령 구원과 선교, 교회와 하나님 나라, 종말, 영성과 윤리 등의 주제는 상당 부분 본문이 겹친다고 봐야 할 것이다. 그러나 내용이 중복되는 것은 아니다. 다만 같은 본문을 다루고 있기 때문에 그렇게 여겨질 수 있는 것인데, 그 점에 대해서는 양해를 구한다.

특별히 코로나19와 한국교회의 침체로 인하여 기독교출판사가 많은 어려움을 겪는 가운데서도 이 책의 출판을 흔쾌히 허락해준 SFC 출판부 유동휘 간사님께 감사드리고, 원고 교정에 수고를 아끼지 않은 고신대학교 교목실 간사 민진환 강도사님과 색인작업을 위해서 수고한 김동현 조교에게도 감사를 표한다. 끝으로 이 서문을 빌어서 필자의 연구를 위해 꾸준히 연구비를 지급한 부산동교회현광철 담임목사에게도 감사의 인사를 전한다. 아무쪼록 이 작은 책이 한국교회의 강단을 더욱 풍요롭게 하는 데 귀하게 활용되기 바란다.

해운대에서 저자 識

약어표

ABD   *Anchor Bible Dictionary*, ed. by D. N. Freedman. 6 vols. New York: Doubleday, 1992.

ANET   *Ancient Near Eastern Texts Relating to the Old Testament*, 3rd ed. by J. B. Pritchard, Princeton: Princeton University Press, 1969.

CAD   *The Assyrian Dictionary of the Oriental Institute of the University of Chicago*, ed. by A. L. Oppenheim et al. Chicago: Oriental Institute, 1956.

ESV   *English Standard Version*

HALAT   *Hebräisches und Aramäisches Lexikon zum Alten Testament*

HALOT   *The Hebrew and Aramaic Lexicon of the Old Testament*

GK   *Gesenius' Hebräische Grammatik*, ed by E. Kautzsch, Leipzig: Vogel, 1909.

KJV   *King James Version*

NASB   *New American Standard Bible*

NIDOTTE   *New International Dictionary of Old Testament Theology and Exegesis*

NIV   *New International Version*

NKJV   *New King James Version*

REB   *Revised Engish Bible*

RSV   *Revised Standard Version*

TDOT   *Theological Dictionary of the Old Testament*

THAT   *Theologisches Handwörterbuch zum Alten Testament*, ed by E. Jenn I& C. Westermann, 2 vols, Stuttgart: Kaiser, 1971-1976.

TLOT   *Theological Lexicon of the Old Testament*

TWAT   *Theologisches Wörterbuch zum Alten Testament*, ed by G. J. Botterweck & H. Ringgren, Stuttgart: Kaiser, 1970.

How to Preach

제1장

구원

1. 들어가면서

성경이 인류가 죄에서 구원받기 위해서 기록된 책이라면 구약 역사서도 구원의 메시지를 전하는 것은 당연한 일이다. 구약 천년의 역사를 담은 열두 권의 책에 나타난 구원이란 주제를 하나의 메시지로 나타낸다는 것은 흥미로운 일이다. 구원과 관련해서 말한다면 역사서 전체가 하나님의 구원의 역사를 보여준다고 할 수 있다. 오경은 하나님의 약속이 아브라함에게 주어지고창12:1-3 그 약속이 잠정적으로 이루어지는 과정을 보여주지만,[1] 구속사적으로 역사서는 구원에 대한 하나님의 약속이 어떻게 구체적으로 성취되는가를 전반적으로 묘사한다. 역사서에 나타난 실제적인 구원의 사건도 사실은 이 큰 구원 역사의 흐름에 포함된 것이다.

역사서에는 '구원'을 나타내는 단어로 여러 가지가 사용되었다. 하지만 기본적으로는 '돕다$y\bar{a}\check{s}a$',[2] '구출하다$n\bar{a}\d{s}al$'[3]라는 단어가 주로 구원을 뜻하는 말로 사용되었다. 이 단어들은 위험에 처한 사람에게 하나님이나 왕, 군대와 같은 구원자를 통해 물리적인 도움을 주는 것을 뜻한다. 다시 말해 두 단어 모두 보호받는 것, 즉 도움과 위험에서 오는 위협으로부터 구원받는 것을 의미한다.[4] 그

---

1. 창세기는 땅에 대한 약속을 상기시키면서 씨의 번성에 치중하고, 출애굽기는 출애굽을 통한 자유와 언약관계를 강조하고, 레위기는 구원받은 백성의 삶을 유지하는 방식을 계시하고, 민수기는 씨에 대한 약속의 성취를 확인하고, 신명기는 땅에 대한 약속을 이루기 위한 준비 작업을 하는 것이다.

2. 야샤($y\bar{a}\check{s}a$)의 니팔은 수동의 의미를 지니며(삼하22:4), 이 동사는 주로 히필로 쓰여서 군사적인 상황에서 구원하는 의미로 사용되었다(삼상4:3; 17:47). 야사($y\bar{a}\check{s}a$)의 파생어인 예슈아($y^e\check{s}\bar{u}\bar{a}$, 구원, 구원행위)는 군사적인 승리와 구원(삼상11:9; 14:45; 삼하10:11; 대하20:17), 하나님이 주신 승리(삿15:18; 삼상11:13; 19:5), 하나님의 자비(삼하22:51; 대상16:23)를 가리키는 데 사용되었다. 분사형 모시아($m\bar{o}\check{s}\bar{i}^a$)는 구원자란 의미로 백성을 구원하는 사사와 같은 의미를 가졌다(삿3:9, 15). Cf. F. Stolz, "$y\bar{a}\check{s}a$," *THAT I*, 788~789; Robert L. Hubbard, Jr. "$y\bar{a}\check{s}a$," *NIDOTTE 2*, 556.

3. 나찰($n\bar{a}\d{s}al$)은 히필로 사용되어 '구원하다'란 의미를 지닌다. 이 말은 기본적으로 '이끌어내다'란 뜻으로 군사적 구원(삿18:28)과 영적인 상황(삼상12:21)에 다 적용된다.

4. E. A. Seibert, "Savation/Deliverance," in B.T. Arnold, B. T., & H.G.M. Williamson (ed.), *Dictionary of the*

렇지만 역사서에는 이런 용어가 적용되지 않는 상태에서도 내용적으로 진정한 의미에서 구원의 혜택을 누리는 사람들도 있다. 대표적으로 라합과 룻의 경우가 그렇다.[5]

'구원하다'란 용어에 비추어서 역사서에서 묘사하는 구원이란 말은 개인이나 집단이 해를 끼치는 상대로부터 보호 또는 구조 받는 것이라고 할 수 있다.[6] 그러나 역사서 전체가 보여주는 구원은, 그 동기와 과정 그리고 결과를 볼 때, 순간적인 하나님의 행위에 국한되지 않고 그것을 넘어 언약적 회복을 말한다. 즉 하나님의 구원은 개인이나 집단이 단순히 위기를 모면하는 차원에 머무르지 않고 궁극적으로 하나님과의 관계를 누리는 것까지 포함한다. 그것은 하나님의 역사로 말미암아 개인이나 공동체가 불신앙에서 신앙으로 돌아오는 것을 의미한다. 이것이 온전한 의미에서 구원이라고 말할 수 있다. 이런 관점에 기초해서 구원과 관련해 구약 역사서의 몇 가지 특징을 중심으로 메시지를 구성해볼 수 있다.

2. 구원의 대상

하나님의 구원의 주된 대상은 하나님께서 택하신 백성인 이스라엘이다. 물론 하나님께서는 한 개인을 구원의 대상으로 삼기도 하시고 다른 민족을 구원하기도 하신다. 그렇지만 그것이 이스라엘과 상관없이 따로 이루어진 일은 아

Old Testament: Historical Books (Downers Grove, IL: Inter Varsity Press, 2005), 852.

5. 라합에게는 '살다(ḥāya)'란 동사가 적용되었고(수6:25), 룻은 다른 차원에서 '구속자(gōʾēl)'를 통해서 구원의 혜택을 입는다. 후자의 경우는 법적인 용어로서 구원론적인 상황에서 야사(yāšaʿ)의 의미와 밀접한 관계가 있다. H. J. Fabry, "yāšaʿ," *TWAT* III,1040.

6. Seibert, "Savation/Deliverance," 851.

니다. 역사서에 나타난 개인의 구원과 다른 민족의 구원은 모두 이스라엘 공동체의 구원과 밀접한 관계가 있다.

예를 들어 라합의 구원은 단순한 개인적인 차원에서의 구원이 아니라 여리고 정복을 통해서 약속의 땅을 차지하는 이스라엘의 진행방향 및 미래와 관련되어 있다. 특별히 그녀는 메시아의 어머니로서 이스라엘의 소망과 관련되어 있다. 룻의 경우도 마찬가지다. 이방 여인 룻이 개인적으로 구원을 받아서 하나님의 언약백성이 된 것으로 그 의미가 끝나는 것이 아니다. 룻의 구원은 왕국시대라는 이스라엘의 위대한 미래를 여는 결정적인 역할을 하는 계기가 된다. 가깝게는 그녀를 통해 이스라엘에서 가장 위대한 왕인 다윗이 등장하고, 궁극적으로는 다윗의 보좌를 통해 예수 그리스도께서 오시게 되는 엄청난 역사가 펼쳐진다. 이렇듯 그들의 구원은 이스라엘을 위한 것이요, 또한 우리의 구원을 위한 것이었다.

좀 이상하게 보일 수 있는 특이한 경우는, 하나님께서 나아만을 통해 아람을 구원하신 사례이다왕하5:1.[7] 하나님께서 이방 민족에게 승리를 주시고, 그들을 구원하시는 것은 아주 이례적인 일이다. 물론 하나님께서 아람을 타민족과의 전쟁에서 구원하시는 것은 하나님의 주권을 나타낸다. 그러나 이 전쟁은 아람과 이스라엘의 전쟁으로 보아야 할 것이다왕상20:22.[8] 그리고 이것이 우상숭배를 한 이스라엘에 대해 징계하는 성격을 가진 것이라면,[9] 아람의 승리나 구원도 궁극적으로 이스라엘의 구원과 관련된 것이라고 할 수 있다. 즉 이스라엘의 하나님

---

7. 한글로 '구원하게 하셨다'로 번역된 단어는 히브리어로 'nā̱ṯan tᵉšûʻâ(나탄 테슈아; 구원을 주셨다)'이다. tᵉšûʻâ(테슈아)도 yᵉšûʻâ(예슈아)와 마찬가지로 yāšaʻ(야샤)의 파생어로서 '도움,' '구원,' '승리'를 의미한다. Cf. HALOT, 1800. KJV는 'deliverance'로 번역하고, RSV, NASB, NIV, ESV는 'victory'로 번역했다.

8. V. Fritz, 1 & 2 Kings, A Continental Commentary (Minneapolis, MN: Fortress Press, 2003), 259; T. R. Hobbs, 2 Kings, Word Biblical Commentary (Dallas: Word, Incorporated, 2002), 63.

9. P. R. House, 1, 2 Kings, The New American Commentary (Nashville: Broadman & Holman Publishers, 2001), 271.

께서는 자기 백성을 위해 이방나라를 통해서까지 구원 사역을 행하시는 것이다.

이스라엘이 가나안 땅에 처음 들어갈 때 요단강을 건너는 것과 중부지역의 여리고와 아이 성을 차지하고수6:8 남부와 북부지역의 동맹군을 물리치는수10~11장 정복의 전 과정에서 하나님께서 그들을 도우셨다. 또한 사사기에서도 하나님께서는 반복해서 사사들을 일으키셔서 여러 압제자로부터 이스라엘을 구원하셨다삿2:16,18.[10] 왕국시대에는 이스라엘을 블레셋삼상7:8~9과 암몬삼상11:13 및 주변의 여러 나라들로부터 지키셨으며, 앗수르 군대로부터 예루살렘 성을 지키고 구원하셨다왕하19:34~35. 심지어 이스라엘과 유다가 범죄함으로 말미암아 각각 앗수르와 바벨론에 유배되어 징계 받는 상황에서도 하나님께서는 그들을 지키시고 결국 고레스를 통해 구원을 얻게 하셨다대하36:22~23.[11] 또한 에스라를 통해 포로 되었던 무리를 보호하심으로써 구원하셨다*nāṣal*, 스8:31. 마지막으로, 비록 에스더서에는 하나님께서 구원하셨다는 말이 없긴 하지만, 하나님께서 적극적으로 인간의 역사에 개입하셔서 하만의 계략을 파하시고 유대인들을 보호하셨다고 보아야 한다. 이렇듯 구약의 모든 사건은 하나님의 구원의 대상이 그분께서 택하신 이스라엘 백성이라는 사실을 보여준다.

---

10. 옷니엘(메소포타미아), 에훗(모압), 삼갈(블레셋), 드보라와 바락(하솔), 기드온(미디안), 입다(암몬), 삼손(블레셋).

11. 히브리 성경의 마지막 구절이자 마지막 단어인 23절의 '올라갈지어다(*ya'al*, qal, juss, 3. m. sg.)'란 말은 이스라엘 백성의 편에서는 고토로 돌아가는 것이다. 이사야는 이 해방을 이스라엘의 역사적인 구원을 뜻하는 출애굽과 연결시켰다(사1:24~27; 11:16; 19:24~25; 27:12~13; 30:1~3; 31:1; 36:6; 43:3; 45:14; 48:20~21; 52:4~6; 66:2,22~23).

3. 구원의 근거

(1) 약속에 대한 하나님의 신실하심

역사서에는 하나님의 구원에 관해서 몇 가지 요인을 명백하게 제시한다.[12] 여호수아서에서 하나님께서 이스라엘을 가나안 사람들에게서 구원하신 것은 이스라엘 조상에게 하신 약속 때문이었다수1:3,6; 21:43~44. 사사기와 다른 곳에서는 구원을 바라는 백성의 외침에 하나님께서 반응하시는 것이삿3:9,15; 6:6,14, 그리고 하나님께서 이스라엘의 극심한 고통을 알고 계신다는 것이 구원의 근거가 되었다삼상9:16; 왕하13:4~5; 14:26~27. 즉 압제를 당하는 이스라엘에 대한 하나님의 연민이 그들을 구원하는 촉매제가 되었던 것이다삿2:18.

그러나 하나님의 약속은 땅에만 국한된 것이 아니었다. 또한 백성의 부르짖음과 그들에 대한 하나님의 연민이 구원의 궁극적인 근거였다고 말할 수도 없을 것이다. 그보다 하나님의 구원의 계획은 아브라함의 씨를 통하여 큰 민족을 이루는 것인데,[13] 그 약속은 역사서 전반부에만 적용되는 것이 아니라 후반부 끝까지 적용된다. 이 말은 약속에 대한 하나님의 신실하심이야말로 이스라엘 백성이 구원받는 궁극적인 근거가 된다는 것이다.

사사기에서 하나님께서는 언약의 임무를 저버리고 끊임없이 배교를 일삼는 이스라엘 백성을 버리지 않으시고, 이방 나라의 손을 빌어 고통을 받게 하셨다. 그럼으로써 그들이 회개하고 하나님을 찾도록 하셨다. 그러면 그때 하나님께서는 사사들을 일으키셔서 반복해서 여러 압제자들로부터 이스라엘을 구원하셨

---

12. Seibert, "Savation/Deliverance," 853.
13. 이 약속은 족장들을 통해서 계속 반복되었다. 창세기 12:2~3; 13:14~17; 15:1~7, 13~21; 16:11~12; 17:1~21; 18:10~32; 21:12~13,17; 22:11~18; 25:23; 26:2~5,24; 28:13~15; 31:3; 32:27~29; 35:1, 9~12; 46:3~4.

다삿2:16,18.[14] 이렇듯 하나님께서 범죄한 백성을 포기하지 않으신 이유는 그들에게 땅을 주시고, 그들을 제사장 나라가 되게 하시고출9:6, 그 나라를 통해서 장차 인류를 구원하시려는 하나님의 계획과 약속 때문이었다. 즉 약속에 신실하신 그분의 속성 때문에 그분의 백성이 약속의 땅에서 믿음의 진보를 전혀 보여주지 못하는 상황에서도 그들을 붙들고 계셨던 것이다.

하나님의 구원이 백성의 회개에 대한 반응으로 나타난 것도 그분께서 언약에 신실하시기 때문이었다. 회개와 부르짖음이 기계적으로 하나님의 구원을 이끌어낼 수는 없다. 열왕기에서는 예루살렘이 앗수르 군대에 의해 포위되었을 때 하나님께서 그 도성을 구원하신 근거를 하나님 자신과 다윗을 위한 것이라고 기록했다왕하19:34; 20:6. 이 두 가지 근거는 히스기야가 기도에서 언급한 대로 하나님 자신의 명성왕하19:19과 예루살렘이 영원할 것이라고 다윗에게 하신 약속을 뜻하는 것이다.[15] 다시 말해, 예루살렘은 약속에 대한 하나님의 신실하심 때문에 구원받은 것이다.[16]

고레스를 통하여 이스라엘이 구원을 받은 것도 하나님께서 이스라엘 백성에게 하신 약속이 실행된 것이다스1:1; 렘20:22; 29:10.[17] 이렇듯 역사서에 나타난 하나

---

14. 옷니엘(메소포타미아), 에훗(모압), 삼갈(블레셋), 드보라와 바락(하솔), 기드온(미디안), 입다(암몬), 삼손(블레셋)

15. Robert L. Cohn, *2 Kings, Berit Olam ~ studies in Hebrew narrative and poetry* (Collegeville, Minn: Liturgical Press, 1999), 138.

16. 당시의 역사적 상황은 이러했다. "산헤립은 엘테케(Elteke)에서 대승을 거둔 후 유다로 군대를 돌렸다. 그는 성벽이 없는 수많은 촌락들과 46개의 성채도시들을 포위해서 공격했고 전리품으로 200,150명을 끌고 갔다고 주장하였다. 다음으로 그는 예루살렘을 포위하였다. 당시 산헤립의 말을 빌리자면 '새장 속의 새처럼' 히스기야를 예루살렘에 가두었다. 히스기야는 이제 고립되어 항복할 것과 매년의 변상금(辨償)뿐 아니라 별도로 산헤립이 부과한 공물을 바치기로 결정했다." William C. Gwaltney Jr., "Assyrians," in Alfred J. Hoerth, Gerald L. Mattingly & Edwin M. Yamauchi, (ed.), *Peoples of the Old Testament World* (Grand Rapids, Mich: Baker Books, 1994), 95~96.

17. 먼저 예레미야 29장 10절은 고토로 돌아올 것을 예언한 것이고, 예레미야 20장 22절은 70년 후라는 구체적인 약속의 내용을 담고 그 성취가 에스라 1장 1절의 내용이 된다는 점에서 이 세 구절은 밀접한 관계가 있다. Cf. F. Huey, *Jeremiah, Lamentations*, The New American Commentary (Nashville: Broadman & Holman

님의 구원은 약속에 신실하신 하나님을 통해서 이해할 수 있다. 그리고 이 하나님의 신실하심이 새 언약의 시대를 사는 성도에게도 동일하게 적용되어서 오늘날 우리가 구원의 확신을 갖는 근거가 되는 것이다.

(2) 백성의 믿음

하나님께서는 그분의 백성을 구원하실 때 믿음을 통해서 구원하신다. 반대로 그 백성이 믿음을 잃고 죄에 빠져있을 때는 구원을 보류하신다. 믿음을 저버리고 하나님을 떠난 백성은 구원을 받을 수 없다삿10:13. 이러한 원리는 여호수아가 만난 군대장관의 답변에서도 나타나는 것으로수5:14,[18] 믿음으로 치르는 거룩한 전쟁의 근본적인 요구조건이기도 하다. 이 믿음의 원칙이 여리고와 아이 성의 전투에서 적용되었다. 한편 이스라엘이 언약궤를 가지고 전쟁에 돌입했는데도 기대와 달리 구원을 경험하지 못했다삼상4장. 이는 그들에게 진정으로 필요했던 것은 다름 아닌 '회개하는 믿음'이었음을 보여준다.

하나님께서는 개인도 믿음을 통해서 구원하신다. 라합은 정탐꾼에게 여호와만이 우주의 주권자가 되신다고 고백하면서수2:11 믿음으로 정탐꾼들을 숨겨주었다. 결국 라합은 그녀의 믿음으로 구원을 받았다히11:31. 한나의 경우도 마찬가지다. 한나가 사무엘을 얻은 후 "주의 구원을 인하여 기뻐한다"삼상2:1고[19] 한 것은, 개인적으로는 무자한 상태의 고통에서 벗어나는 것이지만, 국가적으로는 하나님의 백성의 구원과 승리를 의미하는 것이었다. 한나는 백성이 율법을 따라

Publishers, 2001), 254.

18. "당신은 우리를 위하느냐? 우리의 대적을 위하느냐?"란 질문에 대한 답이 '아니다'라는 것은 그 질문에 관심이 없고 단지 자신이 여호와의 군대장관임을 알리는 데만 관심이 있었다는 말이다. 이것은 믿음과 순종으로 반응할 때 자기편이 될 수 있다는 의미가 된다. Cf. H. M. Smit, *Outlines on the Book of Joshua* (London, Ontario: Inter~League Publication Board, 2003), 27.

19. "당신의 구원으로 인하여(*bīšʿāteḵā*)"는 "당신이 나를 구원하심으로써"란 뜻이다.

살지 않던 사사시대에 매년 절기를 따라 여호와의 성막에서 제사를 드린 경건한 여성이었다. 그녀의 기도는 한 맺힌 여인의 이기적인 기도가 아니라 제사장의 타락으로 말미암아 백성의 구원이 불가능하게 된 이스라엘의 미래를 위해 개혁자를 요구하는 기도였다.[20] 혼란스러운 사사시대를 청산하고 왕국시대를 여는 전야에 하나님께서는 한 여인의 기도를 통해 이스라엘에게 구원을 주려고 하셨다. 이것은 한나의 노래에서도 확인된다.[21] 이렇듯 하나님께서는 믿음을 통해 개인을 구원하시고, 또한 그분의 구원의 역사를 이루어 가신다.

그런데 이러한 놀라운 하나님의 구원 역사에서 자신의 불신앙으로 말미암아 배제당하는 사람들도 있다. 그들은 사울과 미갈이다. 사울은 사무엘과 충돌한 두 사건에서 하나님께 버림을 받았다. 그는 사무엘을 기다리지 않고 스스로 제사를 지냄으로써 제사장직을 찬탈했을 뿐 아니라삼상13:8-14, 아말렉을 진멸하라는 하나님의 성전聖戰의 규정까지 어겼다삼상15:8-9. 이 사건으로 그는 버림을 받았다삼상15:26. 사울은 하나님의 특별임재를 상징하는 하나님의 언약궤에 관심이 없었는데대상13:3, 이 점에서는 그의 딸 미갈도 마찬가지였다. 미갈은 언약궤가 예루살렘으로 들어오는 역사적이고 영적인 의미를 이해하지 못했다. 그렇기 때문에 기쁨으로 언약궤를 인도하는 다윗의 모습을 못마땅하게 여겼다. 결국 그녀는 세상적인 관점에서 다윗과 언쟁을 벌인 결과로 자녀를 낳지 못하는 심판을 받게 되었다삼하6:23. 그렇지 않았다면 그녀는 다윗에게서 후손을 볼 수 있었을 것이다. 그러나 하나님께서는 미갈을 심판하시어 그녀에게서 메시아의 어머니가 될 기회를 빼앗으셨다.[22] 즉 하나님께서는 메시아의 계보에서 믿음 없는

20. I. de Wolff, and W. H. de Boer, *De geschiedenis der Godsopenbaring*, Vol. 4 (Enschede, the Netherlands: Boersma, 1975), 40.
21. 한나의 노래는 하나님의 응답에 대한 개인적인 감정을 표현한 것이 아니라 예수님을 잉태한 마리아의 노래와 같이 사무엘을 통해서 새로운 세상인 왕국시대를 열 것을 예언한 것이다.
22. Cf. K. A. D. Smelik, "Hidden Messages in the Ark Narrative," In *Converting the Past: Studies in Ancient*

사울의 피를 깨끗하게 제외시키신 것이었다. 다시 말해, 미갈의 불신앙으로 말미암아 하나님께서는 사울을 완전히 버리신 것이다.

하나님의 구원은 종종 백성의 회개와 그 회개를 동반하는 부르짖음에 대한 반응으로 나타났다(삿3:9,15; 10:12; 삼상7:8~9; 9:16; 대하20:9. 그들이 회개하는 것은 하나님께 돌아오는 믿음의 행위였으며, 그들이 부르짖은 것도 회개를 수반하는 믿음의 행위였다. 하지만 그런 행위들은 궁극적으로 하나님만이 구원자가 되심을 인정하는 믿음의 행위이다. 하나님께서는 이렇게 믿음을 통해서 그분의 구원사역을 이루시는 것을 기뻐하셨다.

4. 구원의 방법

(1) 직분자를 통한 구원

하나님께서는 백성을 구원하실 때 주로 직분자를 통해서 역사하셨다. 사사 시대에 백성이 언약을 저버리고 우상숭배를 했기 때문에 하나님께서 그들을 심판하시어 이방민족의 압제를 당하게 하셨다. 이에 백성들이 회개하며 부르짖었는데, 그때 하나님께서는 사사들을 통해서 그들을 구원하셨다. 그것이 하나님의 구원이라는 것은 사사들의 활동을 보면 명백해진다. 사사들을 통해서 이스라엘을 구원하시는 하나님의 방법은 상식을 초월한다. 대부분의 사사들은 지도자로서 전혀 준비되지 않은 자격미달의 사람이었는데도 하나님께서는 그들을 통하여 놀라운 구원의 일을 행하셨다. 더욱이 그들이 쓴 장비와 전술은 말도 안 될 만큼 보잘것없고 터무니없는 것이었다.[23] 정말 하나님의 구원은 인간의 상상

Israelite and Moabite Historiography, Oudtestamentische Studiën 28 (Leiden: Brill, 1992), 58.
23. 삼갈의 막대기, 드보라와 바락이 만 명의 군사를 다볼산에 집결시킨 것, 기드온의 삼백 용사와 그 전술, 삼손의

을 초월한다. 그렇게 하신 이유는 비록 사사와 같은 직분자들이 등장하지만, 궁극적으로 구원은 직분자에게서가 아니라 철저하게 하나님에게서 온다는 것을 알리시기 위함이었다삿7:2,7.

당시 그들에게서 구원은 전쟁에서 승리하는 것이었다. 이 전쟁에서 하나님께서는 친히 전사로서 이스라엘 편에 서서 개입하셨다.[24] 때문에 이스라엘과의 전쟁은 궁극적으로 하나님과 싸우는 것이었다. 이는 가나안 땅의 점령과 사사들의 활동에서도 잘 드러난다. 곧 가나안 땅을 점령하기 위한 이스라엘의 전쟁이나 백성을 구원하기 위한 사사들의 전쟁은 모두 그것을 하나님의 전쟁이라고 할 때 이해가 된다. 이 전쟁에서 하나님께서는 직접 자연삿5:20~21; 삼상7:10은 물론 초자연적인 기적수10:11~14을 통해 개입하셨다.

하나님께서는 도탄에 빠진 이스라엘을 구원하시기 위해 사무엘을 부르셨다. 사무엘은 이스라엘로 하여금 블레셋에게서 구원을 맛보게 하였다삼상7:8~10. 사울 또한 길갈에서 백성 앞에서 왕nāgîd으로 세움을 받은 뒤(11:15), 블레셋삼상13,14장, 에돔, 모압, 소바삼상14:47~48, 아말렉삼상15장을 물리침으로써 이스라엘을 보호했다. 하나님의 마음에 합한 왕이었던 다윗도 사방의 대적을 물리치고 이스라엘을 하나의 작은 제국으로 만들었다삼하8~11장. 이로 보건대 하나님께서는 왕을 통해 이스라엘을 구원받은 백성으로서 이상적인 공동체로 만드시려는 의도가 있었음을 알 수 있다.

한편 이스라엘은 바벨론 유배생활 중 하나님의 또 다른 구원을 경험하게 된다. 그것은 이방 나라의 왕 고레스를 통한 것이었다. 하나님께서는 그로 하여금

나귀턱뼈. 이들의 활동은 더 이상 정상적인 전쟁이라고 보기 어렵다.

24. Tremper Longman, *God is a Warrior*, Studies in Old Testament Biblical theology (Carlisle: Paternoster, 1995), 31~47.

제국의 패권을 장악하게 하시고사45:1,[25] 각 나라의 백성들을 그들 나라로 돌려 보내는 관용정책을 펴게 하심으로써 하나님의 백성을 구원하고자 하셨다스1:1. 그 결과 포로 되었던 이스라엘 백성들은 에스라[26]의 인도 아래 예루살렘으로 돌아갈 수 있게 되었고, 하나님께서는 그들이 돌아가는 길에서도 그들을 보호하시고 대적의 손에서 구원하셨다스8:31.[27]

이렇듯 하나님께서는 구약의 역사에서 직분자를 통하여 이스라엘 백성을 구원하셨고 나아가 그들과의 언약적 관계를 회복하셨다. 마찬가지로 하나님께서는 오늘날에도 직분자를 통하여 구원의 일을 행하신다. 하나님의 이런 구원의 방법은 직분자의 임무가 얼마나 막중한가를 깨닫게 한다.

(2) 주권적인 하나님의 역사

하나님께서는 백성이 부르짖는다고 해서 반드시 구원으로 반응하지는 않으신다삿10:14. 하나님께서는 그러한 백성의 행위에 의해서 조종되는 분이 아니시다. 엄밀히 말해서 백성의 구원은 하나님의 자유로운 의지에 달렸다. 즉 구원의 중심에는 하나님의 주권이 자리 잡고 있다는 것이다.

여호수아서에서 라합이 하나님을 선택한 것은 하나님의 주권적인 역사가 아니면 불가능했다는 것을 알 수 있다. 사실 이스라엘이 여리고로 정탐꾼을 보낸 것은 첩보 작전과 아무런 상관이 없었다. 거기에 대비한 전략이 전혀 없었기 때

---

25. "여호와께서 그의 기름 부음을 받은 고레스에게 이같이 말씀하시되 내가 그의 오른손을 붙들고 그 앞에 열국을 항복하게 하며 내가 왕들의 허리를 풀어 그 앞에 문들을 열고 성문들이 닫히지 못하게 하리라."

26. 당시 에스라가 페르시아 정부로부터 받은 직책은 유대인 업무를 담당하는 국무장관과 같은 것이었다. Cf. R. K. Harrison, *Introduction to the Old Testament* (Grand Rapids, MI: William B. Eerdmans Publishing Company, 1985), 1148.

27. "우리 하나님의 손이 우리를 도우사 대적과 길에 매복한 자의 손에서 건지신지라"에서 '하나님의 손이 우리를 도우다'는 문자적으로 '하나님의 손이 우리 위에 있다'라는 뜻이다. 그러나 '우리를 건졌다(*wayyaṣṣīlenū*)'의 주어는 하나님이시다.

문이다. 결과적으로 볼 때, 정탐꾼은 두 가지 목적을 위해서 갔다고 할 수 있다. 하나는 하나님의 약속이 진실한가를 확인하기 위함이었고수2:11,24,[28] 다른 하나는 라합을 구원하기 위함이었다.[29] 그녀가 죽음의 위험을 감수하고까지 믿음을 가졌던 것은 하나님의 주권적인 역사가 아니고서는 불가능한 일이었다.

룻의 경우도 마찬가지다. 그녀는 모압 여인으로서 언약에 신실하지 못한 유다의 가정에 시집을 왔다. 때문에 그녀는 위대하신 하나님을 경험할 기회가 많지 않았다고 볼 수 있다. 물론 룻은 그 가정에서 하나님의 창조와 족장들의 이야기, 출애굽의 역사에서 나타난 하나님의 위대하심과 관련된 이야기를 들었을 것이다. 하지만 실제로 그녀가 경험하고 있던 상황은 정반대였다. 현실적으로 룻이 경험하고 있던 여호와 하나님은 자기 백성을 굶주리게 만들고 가장들을 죽음 가운데 버려둠으로 가정의 미래를 어둡게 만드는 이상한 신이었다. 게다가 시어머니인 나오미가 요청하는 현실적이고 합리적인 권고를 거부하는 것도 쉬운 일은 아니었다.

이렇듯 룻기서가 보여주는 현실은 룻이 하나님을 믿을 가능성이 전혀 없는 상황이었다. 나오미는 종교 다원주의적인 입장을 취하면서 오르바가 그 신과 그 백성에게 돌아간 것과 같이 룻도 돌아갈 것을 강권했다룻1:15. 이런 상황에서 룻이 하나님을 선택한 것은 인간적으로 볼 때 거의 불가능한 일이었다. 그러므로 룻이 나오미와 나오미의 하나님, 그리고 그 백성을 선택한 것은 이스라엘의 구원을 위해서 일하시는 하나님의 주권적인 선택으로밖에 볼 수 없다.[30]

---

28. 라합과 정탐꾼의 보고는 모세의 말이 실제로 성취된 것을 확인하는 것이었다. "오늘부터 내가 천하 만민으로 너를 무서워하며 너를 두려워하게 하리니 그들이 네 명성을 듣고 떨며 너로 인하여 근심하리라 하셨느니라"(신 2:25; 11:25 비교).

29. Cf. Smit, *Outlines on the Book of Joshua*, 31.

30. Cf. S. S. Cnossen, *The Significance of the Book of Ruth* (Ontario: Inter-League Publication Board, 2000), 41~45.

왕국시대에 하나님의 주권적이고 일방적인 구원은 여로보암 2세에게서도 볼 수 있다. 그에 대한 하나님의 평가는 "여호와 보시기에 악을 행하여 이스라엘에게 범죄하게 한 느밧의 아들 여로보암의 모든 죄에서 떠나지 아니하였더라"는 것이었다왕하14:24. 그러나 하나님께서는 그런 여로보암에게 솔로몬 이후 전례 없는 번영을 허락하셨다.[31] 그는 선지자 요나의 예언대로왕하14:25 군사력을 동원하여 다메섹과 하맛까지 차지했고왕하14:28,[32] 아라바까지 영토를 확장하였다암 6:14. 여로보암은 이스라엘의 국운을 일으키고 그 나라에 물질적인 풍요를 가져다주었다. 여로보암 통치 때 이스라엘이 누린 이 같은 풍요는 역사적으로도 이미 고증된 것이다.[33] 성경은 하나님께서 이스라엘에 허락하신 부국강병을 "여로보암의 손으로 그들을 구원하심이었더라"고 기록한다왕하14:27. 그러나 이것은 율법으로도, 언약으로도 이해할 수 없는 일이다. 다만 하나님의 일방적인 은혜이자 주권적인 역사라고밖에 볼 수 없다.

---

31. Cf. J. Bright, *A History of Israel*, 4th ed. (Louisville, Ky.: Westminster John Knox, 2000), 259.

32. KJV 및 RSV와 일치하는 28절의 "이전에 유다에 속하였던 하맛을 이스라엘에 돌린 일(*wᵉ'eṭ~ḥᵃmāṭ lîhûḏā bᵉyiśrā'ēl*)"이란 번역상으로나 역사적으로 이해하기가 어렵다. 이 번역을 그대로 받아들인다면 이전에 유다가 하맛을 차지한 적이 있다는 말인데, 실제로 그런 역사는 없다. 이에 대해 NEB와 NIV에서 Yaudi라고 히브리어 본문을 개정해서 번역한 것은 가능성이 있어 보인다. Yaudi는 앗수르 문헌에서 시리아 북쪽의 도시로 알려졌다. Cf. J. Robinson, *The Second Book of Kings* (Cambridge: Cambridge University Press, 1976), 134~136. Cogan이 지적한 대로, 물론 아카드어로 유다를 가리킬 때 Yaudi라고 한다. 그러나 문맥상 이는 시리아의 도시로 보는 것이 좋을 것이다. Cogan은 둘 다를 가리키기 때문에 '유다'란 말을 그대로 두고 유다의 서기관이 삽입한 것이라고 주장한다. Mordechai, Cogan, *II Kings*, A New Translation, The Anchor Bible (Garden City, N.Y: Doubleday, 1988). 162. Hobbs는 이 견해를 따라서 '유다'를 빼고 번역했다. Hobbs, *2 Kings*, 174.

33. 이스라엘의 번영에 대한 고고학적 증거는 여로보암 시대의 '사마리아 도편(Samaria Ostraca)'에서도 발견된다. 이 도편들은 고급 기름과 보리를 왕실 사유지에서 사마리아로 배달하는 화물상환증이었다. 또는 세금을 내는 기름과 포도주의 주인과 관련된 세금 영수증이었다. 학자들에 따라 연대를 여로보암 2세(Aharoni)에서 베가(Shea)까지 잡기도 한다. W. H. Shea, "The Date and Significance of the Samaritan Ostraca," *Israel Exploration Journal* 27, 1977, 16~27.

5. 구원의 목표

(1) 언약적인 삶의 회복

하나님의 구원의 목표는 단순히 위기에서 구출하는 것만이 아니다. 구약 역사서에서 하나님께서 그분의 백성을 구원하시는 궁극적인 목표는 언약적인 삶을 회복하는 것이다.

여호수아서에서 하나님께서는 구원의 한 과정으로서 그분의 백성을 약속의 땅으로 인도하셨다. 하나님께서는 가나안 땅을 주겠다고 하시면서 그곳에서 구원을 누리도록 안식을 주겠다고 약속하셨다수1:13. 물론 여기서 안식을 주시겠다는 약속은 우선적으로 개인적인 것이라기보다는 이스라엘 공동체의 구원과 관련된 것이었다. 이후 이스라엘은 정복전쟁을 통해서 하나님께서 약속하신 안식을 얻을 수 있었다. 안식은 그냥 쉬는 것이 아니고 하나님을 섬기면서 누리는 언약적인 교제를 의미한다.[34] 여호수아의 정복전쟁에서 얻은 안식이 솔로몬의 성전건축에서 성취되는 것은 안식이 하나님을 온전히 섬기는 데서 오는 것임을 보여준다왕상8:56.[35] 이런 성격의 안식은 신약의 구원과 별 차이가 없어 보인다. 왜냐하면 그리스도의 대속의 공로로 말미암아 구원받은 자도 아직 남은 안식이 있으므로 안식에 들어가기를 힘써야 하기 때문이다히4:8~11.

하나님의 구원의 목표가 언약적 회복이라는 것은 기드온의 사역에서도 잘 나타난다. 하나님께서는 칠 년 동안 압제받고 착취당하는 이스라엘을 구원하

---

34. '안식'이란 일차적으로 주위의 모든 대적에 승리함으로써 얻어지는 것이다. 그러나 단순히 이런 외적인 정치적 상태만을 일컫는 것은 아니다. 그보다 안식은 완전하며, 삶 전체를 망라하는 복지를 가리키는 것이다. 이것이 종말론적으로도 쓰이고(사14:3), 신약에서는 이것을 반영하여 구원을 나타내는 용어로도 쓰였다(마11:28~29; 히4). Cf. F. Stolz, *nûḥ*, in *THAT II*, 45~46.
35. "여호와를 찬송할지로다 그가 말씀하신 대로 그의 백성 이스라엘에게 태평을 주셨으니 그 종 모세를 통하여 무릇 말씀하신 그 모든 좋은 약속이 하나도 이루지 아니함이 없도다."

시기 위해서 당장에 대적을 물리치지 않으셨다. 그보다 먼저 기드온을 부르시고 그에게 사명을 주신 다음삿6:14, 일종의 화목제를 통해서 화목을 이루셨다삿6:19~24. 그리고는 기드온 가정의 우상을 제거하도록 하셨다삿6:25~32. 이 모든 과정은 이스라엘의 궁극적인 문제는 이방 민족의 압제가 아니라 이스라엘의 영적인 배교였다는 것을 보여준다.[36] 그래서 하나님께서는 먼저 언약적 관계를 회복하고자 하셨던 것이다. 이 관계만 회복되면 압제에서 벗어나는 것은 시간 문제였을 뿐이다. 그리고 압제에서 벗어난 상태에서는 이스라엘 백성은 지속적으로 언약의 임무를 수행하며 살아야 했다.[37] 이것은 오늘날 세례와 성찬에서 강조되는 것이기도 하다.

또 다른 경우는 갈멜산 사건이다. 아합 시대에 삼년 동안 우로雨露가 없어서 고통 받던 때에 엘리야가 나타나서 갈멜산에 백성을 모았다. 엘리야가 백성을 갈멜산에 모은 것은 원래 그곳에 여호와의 제단이 있었기 때문이다. 즉 그들로 하여금 여호와께로 돌아오라는 메시지였다. 그러나 그들은 회개 없이 비가 오기만을 원했다.[38] 하지만 하나님께서 백성을 환란에서 구원하시는 것은 관계개선을 통해서 이루어지는 것이다. 때문에 이스라엘 백성이 여호와께서 하나님이심을 인정하며 돌아오고 바알과 아세라의 선지자들을 척결했을 때왕상18:39~40, 비로소 그들은 비를 통해 갈한 목을 축일 수 있었다. 다시 말하지만, 하나님의 구원의 목표는 단순히 백성이 환란에서 벗어나는 것이 아니라 언약관계를 회복하는 것이었다.

---

36. James B. Jordan, *Judges: God's War against Humanism* (Tyler, Tex: Geneva Ministries), 1985.
37. 언약이란 단순한 '관계'가 아니라 언약의 주체가 가지는 '요구'나 '의무'를 가리킨다. 그것은 '서약'을 의미할 수도 있다. E. Kutsch, "*bᵉrît*," in *THAT I*, 342.
38. M.B. Van't Veer, *Mijn God is Jahwe* (Franeker: T. Wever N.V., 1939), 269.

(2) 예수 그리스도를 통한 인류의 구원

구약 역사서 전체에서 보여주는 하나님의 구원 행위는 더 큰 구원의 목표를 향하고 있다. 그것은 인류의 구원을 위한 하나님의 구원 행위이다. 모든 사건에서 이런 목표를 명시적으로나 암시적으로 발견할 수 있겠지만, 가장 분명하게 이런 목표가 드러나는 사건은 여호야긴의 석방과 에스더서의 사건이다.

여호야긴은 바벨론으로 사로잡혀가서 삼십 육년의 감옥생활을 한 후에 석방되어 왕족의 대우를 받았다왕하24:27~30.[39] 성경은 명시적으로 그 이유를 밝히지 않는다. 그러나 그의 이름이 예수님의 족보에 언급된 것은 놀라운 일이다'여고냐'로 언급됨.[40] 여호야긴이 바벨론에서 특별한 대접을 받은 것은 하나님의 계획이었다. 뿐만 아니라 예루살렘이 멸망하고 백성들이 포로로 잡혀갔다고 해서 이스라엘의 역사가 끝나는 것이 아니라는 것을 단적으로 보여주는 사건이 바로 여호야긴의 석방과 환대이다. 하나님께서 인류 구원을 위한 메시아의 소망을 그를 통해서 남겨놓으신 것이다.

에스더서는 페르시아 제국에 살던 유대인이 종족 말살을 당할 뻔한 위기에서 극적으로 구원받은 이야기다. 하나님께서는 에스더와 모르드개가 언약에 불충한 삶을 살았음에도 불구하고[41] 자기 백성을 보호하신다는 것을 보여준다. 사건

---

39. 에빌-메로닥이 느부갓네살에게 삼십 육년 동안 수감되었던 여호야긴을 즉시 풀어주고 그의 여생동안 정규급여를 지불하면서 왕족으로 인정한 역사적 사건은 놀랍게도 바빌로니아의 배식명판에서 확인되었다. 그 자료에서는 유다 왕 야우킨(Yaukin)으로 언급된다. 야우킨은 여호야긴의 아카드어 이름이다. Edwin Yamauchi, *The Stones and the Scriptures* (Grand Rapids: Baker, 1981), 85.

40. 여호야긴의 별칭으로 '여고냐'(렘24:1; 27:20; 28:4; 29:2; 대하3:16~17; 에2:6)와 '고니야'(렘22:24,28; 37:1) 가 있다.

41. 모르드개가 하만에게 절하지 않은 것은 신앙의 행위로 보기보다 민족주의 정신의 발로로 보아야 한다. "가장 가능성 있는 이유는 탈굼이 제시하듯이 모르드개의 교만이다; 자존심이 있는 베냐민 사람은 유대인의 적 고대 아말렉의 후손 앞에 절하지 않을 것이다." F. B. Huey, Jr., "Esther," in F. E. Gaebelein (ed.), *The Expositor's Bible Commentary, Volume 4: 1 & 2 Kings, 1 & 2 Chronicles, Ezra, Nehemiah, Esther, Job* (Grand Rapids, MI: Zondervan Publishing House, 1988), 812. 에스더의 결심도 그 연장선에서 볼 수 있다.

의 모든 과정이 우연으로 보이는 상황들로 전개되지만,[42] 하나님께서는 그 모든 사건에 개입하셔서 극적인 반전을 일으키신다. 더군다나 이 구원은 유대 민족 자체에 국한된 것이 아니었다. 그보다 유대인의 생명을 보존하심으로써 궁극적으로 유대인을 통해서 오실 메시아의 길을 열어놓으신 것이었다.[43]

6. 나가면서: 구원의 결과

기독교인은 구원을 영적인 실체를 가리키는 것으로 이해한다. 특별히 이 땅과 천국에서 누리는 영생을 가리킨다. 그러나 구약에서의 구원은, 물론 하나님과의 관계에서 가지는 영적인 실체와 관련이 없는 것은 아니지만, 주로 하나님께서 이스라엘 백성이 직면한 위기와 대적, 질병, 여타 위험에서 구출하시는 것이었다.[44] 구약 역사서에서 말하는 구원도 백성이 자신의 죄로부터 영원한 구원을 받는 것이 아니었다. 이것은 옛 언약의 성도들에게는 좀 생소한 개념인 것처럼 보인다. 그래서 이들의 구원은 어떤 면에서 한계가 있다고 하겠다.

구약 역사서에 나타난 하나님의 구원의 결과는 이스라엘이 압제에서 벗어나 일시적인 자유와 평화를 누리는 것이었다(삿3:11,30; 5:31; 8:28; 13:23; 14:5.[45] 다시 말해, 하나님의 구원의 결과로서 이스라엘 백성은 사방의 대적을 물리치고 안

---

42. 에스더의 등극, 모르드개가 왕의 암살음모를 안 것, 모르드개의 이름이 궁중일기에 기록되는 것, 밤에 왕이 그 기록을 보게 되는 것, 에스더가 모르드개의 협박을 받아 왕에게 나아가는 것, 왕이 에스더의 청을 들어주는 것, 왕이 모르드개를 높이는 것 등.

43. J. R. 비스케르커, 『그래도 하나님은 승리하신다』, 에스더서 강해, 고재수 역 (서울: SFC, 1989), 81~83.

44. J. Goldingay, *Old Testament Theology, Volume 2: Israel's Faith* (Downers Grove, IL: InterVarsity Press, 2006), 377~378.

45. 이 구절에서 '땅이 태평하다(šāqaṭ)'라는 것은 백성이 외부의 방해를 받지 않고 평화를 누린다는 뜻이다(삿 18:7,27 참고).

식을 누렸다수21:44; 대하32:22. 이러한 하나님의 구원 행위는 이스라엘 백성이 하나님께 충성을 다하도록 하는 계기가 되었다. 그것은 다른 어떤 인간이나 신, 또는 신비적 능력을 따르지 않고 하나님만 신뢰하고 그분께만 순종하는 것이었다. 즉 하나님께로 돌아와서 언약적 임무를 다하는 삶을 사는 것이 구원의 결과를 누리는 것이었다. 정리하자면, 구약 역사서에서의 이스라엘의 구원은 옛 언약의 성도로서, 비록 영생을 누리는 성취된 시대에서의 구원의 의미는 아니지만, 하나님의 백성으로서 그 세대에 부여된 은혜를 누리며 사는 것을 의미한다. 이것이 그들이 그리스도 안에서 누린 은혜의 내용이었다.

그러나 구약 역사서가 말하는 이스라엘의 구원의 결과는 더 큰 구원을 제시한다. 그것은 이스라엘의 회복으로 인하여 온 인류를 구원할 메시아가 오시는 길을 열어 놓는다는 것이다. 이는 곧 우리를 위한 하나님의 구원 역사이다. 오늘 우리는 그 구원의 결과로 오신 예수 그리스도를 믿음으로써 영생을 누리고 있음을 깨닫고, 감사함으로 언약에 충실한 삶을 살아야 한다.

제2장

종말

1. 들어가면서

일반적으로 '종말'이란 역사의 마지막에 이루어질 성취나 세상 끝에 일어날 일을 말한다. 그렇게 볼 때 이스라엘의 역사를 전반적으로 다루고 있는 구약 역사서에는 '종말'이라는 말 자체가 있을 수 없다. 다만 내용적으로 개인의 종말이나 정치적인 국가의 종말만이 있을 뿐이다. 역사서에서 개인적인 종말이란 "온 세상이 가는 길"수23:14; 왕상2:2로서 돌이킬 수 없는 불가피한 인생의 길로 묘사된다.[1] 여기에는 세상과의 단절만이 있을 뿐, 죽음을 통한 영광스런 미래에 대한 소망이나 완성과 같은 의미는 없다. 오히려 죽음의 세계를 의미하는 '셔올'은 하나님과 돌이킬 수 없이 분리된 세계이자 달갑지 않은, 무활동의 어두운 세계를 뜻한다.[2] 그러므로 마지막 때에 찬란한 천국에 들어간다는 것은 구약의 전망이 아니다. 구약에서는 구원도 하늘이 아니라 땅에서 이루어지는 것이다.[3] 국가의 종말 또한 미래에 완성되는 이상적인 국가를 그리고 있지 않다.

그럼에도 구약 역사서에는 암시적으로 종말론을 언급하는 부분이 있다. 특히 하나님께서 다윗에게 하신 약속에 종말사상이 집약되어 있다삼하7:11b~16.[4] 이 약속은 구약 역사서뿐만 아니라 구약 전체의 핵심이 되는 신학적 내용을 담고 있다. 그것은 그 자체로서 고립된 사상이 아니라 과거에 이스라엘의 조상 아브라함에게 주신 약속창12:1~3을 확정하는 의미가 있다.[5] 하나님께서 아브라함에게

---

1. G. C. Berkouwer, *The Return of Christ*, Studies in Dogmatics (Grand Rapids, MI: Eerdmans, 1972), 172.
2. Arnold & Williamson, *Dictionary of the Old Testament: Historical Books*, 217.
3. H. Bavinck, *Reformed Dogmatics*, Volume 4, trans. J. Bolt, & J. Vriend (Grand Rapids, MI: Baker Academic. 2008), 653.
4. Vos도 자신의 구약 종말론 책에서 역사서 가운데 오직 '다윗의 약속'만 다루고 있다. Geerhardus Vos, *The Eschatology of the Old Testament* (Phillipsburg, N.J: P&R Publishing, 2001), 123~130.
5. Stoebe는 다윗의 약속이 창세기 15장에서 하나님께서 아브라함과 맺은 언약에 기초한다고 본다. 왜냐하면 왕조의 영속성이 한 개인의 명성과 관련된 것이 아니라 하나님의 역사적 계획과 주어진 땅의 보존과 관련된다고 보기 때문이다. H. J. Stoebe, Erlebte Gegenwart - Verheissene Zukunft: Gedanken zu II Samuelis 7 und Genesis

하신 약속은 땅과 큰 민족, 그리고 큰 이름과 모든 민족의 복의 통로가 되는 것이었다. 이에 비해 다윗에게 하신 약속은 한 개인이나 이스라엘 왕에게 초점을 맞추고 있다.[6] 이는 아브라함의 약속을 성취하는 데 왕의 역할이 중요하다는 것을 보여준다.

실제로 구약 역사서는 약속의 땅에 정착한 이후부터 왕에 대한 주제를 다루고 있다. 사사기는 왕이 없는 시대가 겪는 고통을 다루고, 사무엘서는 왕이 오시는 과정을 묘사하며, 열왕기는 왕의 통치 및 지상 왕의 통치의 실패를 보여준다. 다윗에게 주어진 약속을 종말론적으로 이해하는 이유는, '영원한 왕위'에 대한 약속이 역사적으로나 정치적으로 성취되지 않았고 신약에 와서야 그 성취를 알려주기 때문이다. 이는 그 약속이 역사 이상의 의미가 있음을 의미한다. 즉 계시 역사라고도 하는 신학적 의미를 지니는 것으로, 이를 구체적으로 표현하면 종말론적이라고 할 수 있다. 그래서 여기서는 다윗에게 주신 하나님의 약속이 종말론적으로 어떤 의미를 지니는지 살펴보고자 한다.

2. 다윗의 약속에 대한 주석적 설명

(1) 다윗의 집

다윗이 주위의 모든 대적을 물리치고 평화를 누리고 있을 때 그는 여호와 하나님을 위하여 집을 지으려고 생각했다. 이는 고대근동에서는 흔한 일이었다. 왕조를 창건한 자는 자신의 수호신을 위해서 신전을 짓는 관행이 있었다.[7] 그

---

15. *Theologische Zeitschrift* 53 (1997) 131~141.
6. 사무엘하 7장 8~11a절까지는 다윗의 당대에 이루어질 내용이기 때문에 종말론적인 의미를 찾기 어렵다.
7. J. J. Collins, *A Short Introduction to the Hebrew Bible* (Minneapolis, MN: Fortress, 2007), 124.

러나 그런 관행과는 달리 하나님께서 다윗의 성전건축제의를 거절하셨다는 점이 특이하다. 하나님께서 거절하신 데는 역사적인 이유가 있었다삼하7:6~7.[8] 출애굽 시대부터 다윗 시대까지 하나님께서는 견고한 재료로 지어진 집을 필요로 하지 않으셨기 때문이다.[9] 오히려 하나님께서 직접 '다윗의 집'을 지어주겠다고 하셨다.[10]

나단을 통해서 다윗에게 전달된 하나님의 약속은 "여호와가 또 네게 이르노니"삼하7:11라는 서두 양식으로 시작한다. 이런 양식은 약속을 전달하는 역할을 할 뿐만 아니라 그 약속의 주체가 누구인가도 알려준다. "여호와가 너를 위하여 집을 짓고"삼하7:11[11]라는 말에서 '집'은 왕조를 뜻한다. 거기서 파생된 의미로서 다윗의 후손이 왕위에 머물러서 통치하는 나라 전체를 의미할 수도 있다. 그것은 다음 절에서 다윗의 아들을 세워 나라를 견고하게 한다는 데서도 확인된다삼하7:12. 또 사무엘하 7장 16절에서 '집'과 '나라'와 '왕위'가 나란히 언급된 것은 이 표현들이 동일한 의미를 지닌다는 것을 뜻한다.[12] 특별히 같은 내용을 담은 역대상 17장 10절에서 '왕조를 세우다'라고 한 것을 보면, '집을 짓다'라는 표현은 '왕조를 창건하다'라는 의미가 됨을 알 수 있다.

하나님께서 다윗의 집을 짓겠다고 제시하신 것은 다윗의 계획에 대한 반응으로 나온 것이지만, 이는 우발적인 것이 아니라 하나님의 구원 계획에 있었던

---

8. 고대근동문헌에 의하면, 신이 먼저 주도적으로 명령하지 않으면 왕은 자기의 신을 위해 신전을 건축할 권한이 없었다. Michael Avioz, *Nathan's Oracle (2 Samuel 7) and Its Interpreters* (Bern: Peter Lang, 2005), 16.

9. B. T. Arnold, *1 & 2 Samuel*, The NIV Application Commentary (Grand Rapids, MI: Zondervan, 2003), 474.

10. 사무엘하 7장 11절과 역대상 17장 10절에서 '너를 위하여'의 전치사에 중복점이 온 것(*lᵊkā*)은 활음조를 위한 것으로서 연결중복점이라고 한다(*Dageš forte conjunctivum*). GK § 20c.

11. 히브리어 '*āśâ*(만들다)'는 개역한글의 '이루다'보다는 개역개정의 '짓다'가 맞다. 역대상 17장 10절에는 *bānâ* 동사를 써서 '세우다'라고 했다.

12. 나단을 통해서 다윗에게 하신 하나님의 약속의 내용은 '집'에서 시작해서 '왕조'로 마무리하는 문학적 단위를 이루고 있다. 이것이 하나의 문학적 윤곽으로 사용된다. Cf. R. F. Youngblood, 1, 2 Samuel, In F. E. Gaebelein (Ed.), *The Expositor's Bible Commentary*, Volume 3, 889.

것이 때를 맞춰 제시된 것이다. 다윗은 인간의 선택이 아니라 하나님의 선택에 의해서 왕으로 기름부음 받은 자요삼하16:12, 하나님의 마음에 맞는 자로서 그분의 뜻을 이루고자 선택된 자이기 때문이다행13:22.

사실 왕조라는 것은 왕위가 생물학적 후손으로 계승될 때 비로소 이루어진다. 그래서 하나님께서는 나단에게 다윗이 죽고 난 다음에 그의 아들의 통치로 나라가 견고하게 되리라고 했다. 사무엘서에서는 다윗이 죽는 것을 "네 조상들과 함께 누울 때에"삼하7:12a라고 했는데, 역대기 기자는 "네가 조상들에게로 돌아가면"대상17:11이라는 표현을 썼다. 이 두 표현은 모두 죽음을 뜻하는 관용어지만, 역대기 기자가 보다 일반적인 표현을 쓰지 않고 동의어적 변화를 기한 것으로 보인다.[13] 죽음에 대한 하나님의 표현은 당시 사람들의 죽음에 대한 관점을 반영한 것이다. 이 말 자체는 특별히 사후에 죽음의 세계에서 조상들과 영적인 재회를 하는 것을 가리킨다.[14] 그러나 이것이 부활과 같은 영생을 누리는 복된 상태를 말하는지 아니면 인간의 숙명을 그냥 그렇게 표현한 것인지는 역사서가 분명하게 말하고 있지 않다.

하나님께서는 다윗이 죽고 나면 그 몸에서 난 '씨'를 세워 그를 통하여 나라를 견고하게 하리라고 하셨다삼하7:12b. 일반적으로 '씨'란 집합명사로 이해되기도 하지만창22:18, 여기서 '네 씨'는 단수로 이해하는 것이 바람직하다. 당시 왕위 계승의 후보자로 압살롬이나 아도니야가 유력했지만, 실제 다윗의 계승자는 솔로몬으로 보아야 한다. 왜냐하면 다음 절에 '하나님의 집'을 세울 자가 바로 이 아들이기 때문이다. 그리고 당시 다윗의 나라는 작은 제국을 이루어서 이미 견

---

13. "열조와 함께 자다"란 표현은 역대하에는 유다의 열 명의 왕에게 쓰였다. 르호보암(12:16), 아비야(13:23), 아사 (16:13), 여호사밧(21:1), 아마샤(26:2), 웃시야(26:23), 요담(27:9), 아하스(28:27), 히스기야(23:33), 그리고 므낫 세(33:20)이다. Cf. R. W. Klein, *1 Chronicles*: Hermeneia (Minneapolis, MN: Fortress Press, 2006), 380.

14. J. H. Tigay, *Deuteronomy*, The JPS Torah Commentary (Philadelphia: Jewish Publication Society, 1996), 293.

고하게 서 있었다삼하7:1.[15] 따라서 이후 보다 견고하게 설 나라는 다윗의 나라가 아니고 솔로몬의 나라를 가리키는 것이다. 그러나 그 나라는 솔로몬에 의해서가 아니라 하나님에 의해서 막강한 나라로 부상할 것이다. 물론 이 내용 자체가 특별히 종말론적인 내용을 지향하는 것은 아니다. 다만 그의 나라는 종말에 이룰 이상적인 나라의 한 속성을 보여줄 뿐이다. 즉 그것은 영광스러운 나라의 측면을 말하는 것이다.

(2) 여호와의 집

솔로몬은 여호와의 이름을 위하여 집을 건축할 것이다. 다윗은 여호와의 집을 건축하고 싶었지만, 그 계획은 솔로몬에게로 이양되었다. 다윗의 계획이 거절당한 이유는 그가 피를 너무 많이 흘리고 전쟁을 크게 치렀기 때문이다대상 22:8. 이에 비해 솔로몬은 '평온한 사람'이었기 때문에 성전건축을 담당하게 되었다.[16] 이와 같은 약속에서 하나님과 솔로몬은 서로의 집을 세우는 관계가 되었다. "그는 내 이름을 위하여 집을 건축할 것이요 나는 그의 나라 왕위를 영원히 견고하게 하리라"삼하7:13. 여기서 성전건축의 목적이 사무엘서와 역대기에 각각 "내 이름을 위하여," "나를 위하여"대하7:12라고 되어 있다. 내용상 같은 말이지만 사무엘서 기자는 특히 하나님의 이름을 부각시키고 있다.[17] 이스라엘에게 있

---

15. 사무엘하 7장 1절의 "주위의 모든 원수를 무찌르사"는 사무엘상 8, 10장의 승리 이후를 말하는 것일 수 있다. 그렇지 않다고 해도 제국은 다윗의 통치 동안에 이루어졌다.

16. 이 경우에 'īš m°nūḥā에 대한 번역은 사람의 기질이라기보다는 심리적인 성향을 나타내기 때문에 '평정'이나 '평온'이 더 적합하다. Cf. HALAT II, 568. ESV의 a man of rest는 문자적으로 맞는 번역이지만 의미전달이 부족하고, NIV의 a man of peace는 평온한 상태도 나타내지만 정치적인 성향을 반영하는 경향이 있다.

17. 비평가들은 "내 이름을 위하여"란 표현은 신명기 신학의 등록상표라고 한다. 그래서 이 부분을 신명기 편집으로 돌리려고 한다. Collins, A Short Introduction to the Hebrew Bible, 125. 그러나 이와 똑같은 표현은 신명기에는 한 번도 안 나오고 소위 '신명기 역사'에 속하는 사무엘서와 열왕기에 다섯 번(왕상5:5; 8:18,19; 9:7) 그리고 역대기에 다섯 번(대상22:8; 28:3; 대하6:8,9; 7:20)씩 고르게 나온다. 그런데 "여호와의 이름을 위하여"는 열왕기에 네 번(왕상3:1; 5:5; 8:17,20), 역대기에 여섯 번 나온다(대상22:7,19; 대하2:1,4; 6:7,10).

어서 이름은 단순한 상품에 붙여진 상표가 아니라 부르는 대상의 속성과 존재가 결부되어 있다. 이스라엘의 신앙은 이 이름을 아는 데서 시작된다.[18] 사무엘서에서 "내 이름을 위하여"란 말은 신명기에서 자주 쓰인 하나님께서 거하시는 곳을 염두에 둔 "자기 이름을 두시려고"란 표현으로 이해할 수 있다신12:5,11,21. 즉 성전은 하나님께서 거하시는 곳으로 표현되지만왕상8:13, 많은 경우 하나님의 이름이 거하는 곳이다왕상8:16,29; 왕하23:27; 대하6:5; 7:16; 20:9. 이렇게 이름을 언급한 것은 특별히 하나님의 정체성이 다른 신과는 구분되는, 그분에 대한 배타성을 주장하기 위함인 것으로 보인다.[19] 특별히 이것이 성전과 관련된 것은 "그 이름이 그 제의장소를 여호와께서 전에 자신의 계시를 주시고 또 새로운 계시를 주시고 자신을 계시하는 장소로 보여주기" 때문이다.[20] 그것은 하나님의 실제적인 임재에 대한 확실한 보증이 된다. 그래서 솔로몬은 기도 가운데 하나님의 눈과 귀가 성전을 향하기를 구했던 것이다대하6:20. 한편 이 약속의 본문에서 역대기 기자 역시 "나를 위하여"라는 표현을 사용함으로써 성전을 하나님께서 거하시는 곳으로 묘사했다.

본문에서는 하나님을 위해서 성전을 짓는다고 하지만, 사실 성전은 하나님의 백성을 위한 은혜의 장치이다. 즉 하늘에 보좌를 두신 거룩하신 하나님께서 친히 영광중에 그분의 백성 가운데 거하시겠다는 것이다시11:4. 이스라엘은 이 성전에서 이루어지는 제의를 통해서 하나님과의 관계를 회복하고 그분과 인격적인 교제를 이루게 된다. 그래서 하나님의 집으로서 성전은 이스라엘 백성에게

---

18. W. Zimmerli, *Grundriss der alttestamentlich Theologie*, Fünfte Auflage (Stuttgart, Berlin, Köln, Mainz: W. Kohlhammer, 1985), 12~14. 창세기는 여호와의 이름을 부르는 것 자체를 예배행위로 여겼다(창4:26; 12:8; 13:4; 21:33; 26:25).
19. Cf. J. G. McConville & J. G. Millar (ed.), *Time and Place in Deuteronomy*, Journal for the Study of the Old Testament Supplement Series (Sheffield: Sheffield Academic Press, 1994), 113.
20. B. Holwerda, *Bijzondere Canoniek*, (Kampen: Van den Berg, 1972), 226.

44 구약 역사서, 어떻게 설교할 것인가?

가장 근본적인 것이 된다. 물론 그렇다고 해서 성전 자체에 강조점이 있는 것은 아니다. 다만 성전은 백성의 믿음과 삶에 필수적이라는 것과 그들 가운데 거하고자 하시는 하나님에 강조점을 두고 있는 것이다.[21] 솔로몬의 성전은 이스라엘 역사에 새로운 장을 여는 것이다. 이 약속으로 이스라엘은 이제 성전을 중심으로 한 '완성된' 제의 중심의 삶을 살면서 회복과 보호를 기대할 수 있게 되었다.

한편 이 성전건축에서 발견되는 종말론적인 개념이 있는데, 그것은 바로 '안식'이다. 솔로몬은 성전을 건축하고 백성을 축복하면서 모세에게 약속하신 하나님의 안식이 성취되었음을 언급했다왕상8:56. 이 안식은 여호수아가 가나안 땅을 점령하면서 시작되었다수22:4. 그러나 그것은 출발이었을 뿐, 옛 언약시대에 주어진 안식의 완성은 성전건축과 함께 이루어졌다. 그래서 성경이 말하는 안식은 단순한 외적인 정치적이고 경제적인 복지가 아니라 "삶을 둘러싸고 있는 완전한 복지"를 의미한다.[22] 그것은 하나님의 면전에서 사는 것이고, 하나님과 누리는 온전한 교제를 통해서 이루어질 수 있는 것이다.

이사야 역시 미래에 완성될 안식을 종말론적으로 표현하고 있다사14:3; 32:18. 히브리서 기자도 새 언약 시대의 성도는 아직도 남은 안식이 있기 때문에 그 안식에 들어가기를 힘써야 할 것이라고 강조한다히4:9-11. 하나님께서는 다윗의 약속을 통해 그 백성이 완전한 안식을 기대하도록 한 것이다. 그러나 종국에는 하나님의 모든 약속이 성취되어 땅이 실제적으로 제2의 에덴동산이 되어 하나님의 성소가 되고출15:17, 백성은 하나님의 면전에서 영원한 기업을 보장받으며 진정한 안식의 복을 누리게 될 것이다.[23]

---

21. T. E. Fretheim, *First and Second Kings*, Westminster Bible Companion (Louisville, KY: John Knox, 1999), 54.
22. F. Stolz, *nûaḥ*, THAT II, 46.
23. Cf. W. J. Dumbrell, *The Faith of Israel*: A Theological Survey of the Old Testament (2nd ed.) (Grand Rapids, MI: Baker Academic, 2002), 40.

한편 하나님께서는 솔로몬의 나라 왕위를 영원히 견고하게 하겠다고 약속하셨다. 이 약속은 사무엘하 7장 12절의 내용을 좀 더 확대하고 구체화한 것이다. 즉 12절에서는 "그의 나라"를 견고하게 하리라고 했지만,[24] 13절에서는 "그의 나라 왕위"를 견고하게 하겠다고 말함으로써 왕조의 개념을 부각시켰다. 그리고 여기에 "영원히"라는 말을 덧붙여서 이것이 영원한 왕조인 것을 강조한다.[25] 이는 '다윗의 언약'으로 이후에도 여러 번 언급되었다대하13:5; 21:7; 23:3. 그리고 역대기의 "그의 왕위"와 사무엘서의 "그의 나라 왕위"는 같은 것으로 보아야 한다. 솔로몬의 왕위는 곧 다윗을 계승한 왕조를 의미한다.

여기서 다윗 언약의 핵심이 되는 두 가지 요소가 나타난다. 그것은 성전과 왕조이다. 이 말은 하나님께서 견고하게 하실 나라는 신정국가라는 뜻이다. 이는 단순히 무한히 강대해진 나라가 아니라 다른 나라와 완전히 구별되는 하나님의 통치가 이루어지는 나라를 말한다. 사실 다윗은 언약궤를 예루살렘으로 옮기면서 그런 나라를 추구했다. 그는 하나님의 특별 임재의 상징인 언약궤를 수도에 둠으로써 하나님께서 왕으로 통치하시는 체제를 구축하고자 했다삼하6장.[26]

그런데 이제 하나님께서 성전건축과 굳건한 왕위를 통해서 명실상부한 신정체제를 이루고자 하시는 것이다. 그리고 그 왕위가 영원할 것이라고 하신다. 여기서 종말론적인 사상이 드러난다. 현실적으로 유다 왕들의 불신앙과 성전에 대한 해악은 나라와 왕위를 위태롭게 하는 것이 분명하다. 그럼에도 불구하고 하

---

24. '견고하다(kūn)'란 단어는 12절에서는 히필형(사역형)으로 쓰였고, 13절에서는 폴렐형(강세형, 작위적 의미)으로 쓰였다. 히필형은 '굳게 세우다'란 의미이고, 폴렐형은 '세우다'란 의미가 된다. 그러나 '영원히'라는 부사의 수식을 받기 때문에 '굳건한'이라는 의미가 들어있다고 볼 수 있다. Cf. HALAT II, 443.

25. 히브리어 단어 'ōlām 자체는 철학적인 '영원'을 의미하지 않는다. 이것은 보통 계속되는 긴 시간을 가리킨다. 본문에 기록된 'ad 'ōlām은 '거의 항상 미래의 연속적인 시간이 지속되는 것'을 가리킨다. E. Jenni, 'ōlām, in THAT II, 233.

26. D. I. Shin, The Ark of Yahweh in Redemptive History: A Revelatory Instrument of Divine Attributes (Eugene, OR: Wipf & Stock, 2012), 99~101.

나님께서 그 왕위를 견고하게 하시겠다는 것은 그 약속이 땅위의 정치적 사건을 넘어 미래의 일과 관련되었다는 것을 의미한다. 즉 메시아적 소망의 기초가 된다는 것이다. 메시아 사상이란 고대근동에서 일반적으로 한 왕이 등극할 때 가질 수 있는 풍요와 평화 그리고 정의와 같은 것에 대한 기대 이상의 것이다.[27] 메시아의 통치는 하나님의 뜻이 완전히 이루어지면서 그 백성이 하나님의 자녀로서 완전한 행복을 보장받는 체제를 말한다. 이 같은 메시아적 통치에 대한 소망은 다윗 언약에서부터 출발한다. 특히 왕이 없는 시대에 주어진 다윗 언약에 대한 역대기의 메시지는 메시아 소망의 기원이 된다.[28]

(3) 언약적 부자관계

다윗에게 주신 하나님의 약속에 '언약'이란 말은 없지만, 그럼에도 이 약속이 언약적인 성격을 지닌 것은 그것의 언약적 양식 때문이다. "나는 그에게 아버지가 되고 그는 내게 아들이 되리라"는 말은 육신의 부자지간을 말하는 것이 아니라 법적인 양자관계를 말하는 것이다시2:7. 또한 이 관계는 단순히 하나님의 언약백성이 된다는 말이 아니다. 그보다 이 말은 법적인 관계로서 "다윗 왕족이 여호와의 입양된 아들로서 특권을 가진 신분을 누릴 것임을 뜻한다."[29] 이 관계는 종주권의 관계로서, 여호와께서는 대왕이 되시고 다윗을 계승한 왕들은 그의 봉신이 된다.[30] 이런 개인적인 관계는 단순히 보호받는 차원이 아니라 특별

---

27. Cf. D. L. Petersen, Eschatology: Old Testament, *ABD*, 576.

28. Collins, *A Short Introduction to the Hebrew Bible*, 125. Vos도 이것이 메시아 사상의 계시에서 가장 중요한 역할을 하는 것으로 여겼다. Vos. *The Eschatology of the Old Testament*, 123.

29. A. E. Hill, *1 & 2 Chronicles*, The NIV Application Commentary (Grand Rapids, MI: Zondervan, 2003), 243.

30. 이천 년기의 메소포타미아의 아카드어 외교어휘목록에는 대왕과 봉신의 관계가 아버지 신분(*abbūtu*)과 아들 신분(*mūrūtu*)의 관계로 표현되었다. Shalom M. Paul, Adoption Formulae: A Study in Cuneiform and Biblical Legal Clauses, *Maarav* 2, 2 (1980), 177. Cf. Arnold, & Williamson, *Dictionary of the Old Testament*, 353. 역사서에서 하나님께서 아버지가 되신다는 말은 이 약속 외에는 없다. 다른 곳에서는 이스라

한 임무를 띠고 있는 것으로 볼 수 있다. 그 임무는 대왕이신 여호와의 일을 땅 위에서 대리 수행하는 것이다. 즉 그 왕은 하나님의 통치가 이루어지도록 다스리는 메시아적 성격을 지닌 왕이다.[31]

한편 양자 입양으로 말미암아 형성된 부자관계는 언약의 조건적인 요소가 적용된다. 즉 그가 아들이기 때문에 "그가 만일 죄를 범하면 내가 사람의 매와 인생의 채찍으로 징계하리라"는 말이 성립되는 것이다삼하3:12. 언약은 체결될 때는 일방적이지만 진행은 쌍방적이기 때문에 조건적이다. 말씀을 따라서 합당하게 행하면 복을 받고 율법을 거스르면 벌을 받는다신28장. 따라서 다윗의 후손에게 적용되는 것은 심판이라기보다 징계의 성격을 지닌다.[32] 이는 배교한 왕들에 대한 징계를 정당화하는 것이기도 하다. 실제로 솔로몬을 제외하고왕상11:34 유다의 전 역사에 걸쳐 하나님께서는 이 언약의 말씀의 기준을 적용시켜서 왕들을 심판하셨다.

그런데 같은 내용을 다루는 역대기에는 이런 부분이 생략되었다. 물론 이 누락이 이 약속의 전체 내용을 이해하는 데 영향을 주지는 않는다. 다만 사무엘서 본문과는 달리 역대기의 내용은 언약이 무조건적으로 성취되는 느낌을 갖게 한다. 아마도 이는 역대기 기자가 의도적으로 빼뜨린 것으로 보인다. 그 이유에 대해 클라인은 역대기 기자가 솔로몬의 죄왕상11장를 자신의 책에서 다루지 않았기 때문에 이 부분에 관해 언급하지 않은 것이라고 말한다.[33] 즉 이 부분은 솔로

엘이 하나님의 아들이 된다고만 여러 번 언급되었을 뿐이다(출4:22~23; 신1:31; 8:5; 14:1).

31. 종말론적 미드라쉬인 4Q Florilegium으로 알려진 쿰란문서도 14절 상반절의 아들을 메시아로 이해했다. J. M. Allegro, Fragments of a Qumran Scroll of Eschatological *Midrashim*, *Journal of Biblical Literature* 77, 4 (958) 350~354.

32. 이 징계(*yākah*)란 말은 두 경우(렘2:19; 시141:5)를 제외하고는 모두 하나님에 의해서만 시행된다(삼하7:14; 시 6:2; 38:2; 94:10; 105:14; 잠3:12; 욥5:17; 13:10; 22:4; 대상12:18; 16:21). *HALAT* II, 392.

33. Klein, *1 Chronicles*, 381.

몬에 대한 기자의 태도에 따라서 생략되었다는 것이다.[34] 그러나 역대기 기자가 솔로몬의 죄를 본문에 기록하지도 않고 그의 죄를 기억나게 할 수 있는 이 부분도 빠뜨린 것은, 바벨론 포로생활에서 돌아와 이상적인 신앙공동체를 재건하려는 이스라엘 백성에게 희망을 주기 위한 의도로 보인다.

또 하나 차이가 나는 부분은, 사무엘서에서는 사울의 이름을 직접 거명하며 "네 앞에서 물러나게 한 사울에게서"란 말이 언급되는 반면, 역대기에서는 "네 전에 있던 자에게서"라고 실명이 생략된 채 표현되었다는 것이다. 물론 사울이란 이름을 제시하지 않아도 다윗 앞에 왕이 한 사람밖에 없었고, 또 사울이 하나님으로부터 버림받은 사실을 사람들이 모두 알고 있기 때문에 이 예언의 의미를 파악하는 데는 별 문제가 없다. 따라서 아마도 역대기의 의도는 문학적인 단순성을 선택했다기보다는 이 중요한 하나님의 약속에서 불명예스런 사울의 이름을 언급하고 싶지 않았을 것이다.

한편 하나님께서는 사울에게서 은총을 빼앗았듯이 솔로몬에게서는 은총을 빼앗지 않으실 것이라고 하셨다. 여기서 '은총'이란 말은 '은혜'나 '확고한 사랑'을 의미한다.[35] 그런데 그것을 빼앗지 않으시겠다는 것은 내용적으로 왕위를 빼앗지 않으시겠다는 뜻이다. 즉 하나님께서는 왕에게 언약적 임무를 요구하시겠지만, 그렇다고 솔로몬을 왕위에서 제거하지는 않으시겠다고 하신 것이다. 이 말씀은 솔로몬에게 실제로 적용되었다. 즉 솔로몬이 다른 신들을 좇지 말라는 하나님의 명령을 따르지 않았는데도 다윗에게 하신 약속 때문에 그 죄의 결과가 솔로몬에게 직접 미치지 않았던 것이다왕상11:12. 이로 보건대 하나님의 언약에서 복과 저주라는 양면성은 기계적으로 적용되는 것이 아님을 알 수 있다. 그보다 여기서는 하나님의 자비가 더 풍성하게 나타난다. 뿐만 아니라 이 언약

---

34. R. L. Braun, *1 Chronicles*, Word Biblical Commentary (Dallas: Word, Incorporated, 1998), 199.
35. 문법적으로 '내 은총'이 강조되어 문장 첫머리에 배치되었다.

적 내용은 약속에 포함된 것이기 때문에 궁극적으로 조건에 얽매이지 않는다.

(4) 영원한 보좌

하나님께서 다윗에게 주신 약속은 영원한 보좌로 마무리된다삼하7:16. 이는 앞의 내용을 정리해서 반복한 것이다. 한 구절에 '영원히'가 이렇게 두 번ne'man, 'aḏ 'ōlām 나란히 나오는 것은 아주 특이한 경우다삼하7:16. 이것은 약속의 예언을 맺는말로서 요약과 보완의 의미가 있다.[36] 그러나 문맥상 이 두 낱말의 의미는 다르다. 상반절의 '영원'은 솔로몬의 통치기간의 시간을 의미한다.[37] 이는 "네 앞에서lefānêḵā"라는 말 때문에 그렇다.[38] 즉 솔로몬 앞에서 그의 왕위와 그의 나라가 오랫동안 보존될 것이라는 말이다.

그런데 이 부분에서 역대기는 다른 내용을 제시하고 있다. "내가 영원히 그를 내 집과 내 나라에 세우리니 그의 왕위가 영원히 견고하리라"대상17:14. 여기서 차이점은 '네 집'이 아니라 히브리어 접미사가 일인칭ī이 되어서 '내 집'으로 쓰였다는 것이다. 그런데 '내 집'은 성전을 의미한다. 즉 하나님께서 솔로몬을 영원히 성전과 나라 위에 세우시겠다는 말이다.[39] '집'이라는 같은 말로 사무엘 본문은 다윗 왕조를 강조하는 반면, 역대기는 성전을 위해서 솔로몬을 세울 것임을 강조한다.[40] 여기서 다시 한 번 성전과 나라를 제시함으로써 그 왕권의 성격이

---

36. H. J. Stoebe, *Das zweite Buch Samuelis*, KAT 8/2, (Gütersloh: Gütersloher Verlagshaus, 1994), 230.

37. *bayit ne'man*(견고한 집, 영원한 집)은 일찍이 아비가일이 다윗에게 한 예언조의 발언인데, 이것이 다윗 언약에 반영되었다(삼상25:28).

38. 개역개정판이 "내 앞에서"라고 번역한 것은 칠십인역(ἐνώπιον ἐμοῦ)을 따라 본문을 수정해서 번역한 것이다. 그러나 흠정역(KJV)은 마소라 본문을 따라서 '네 앞에서'(before thee)라고 번역했다.

39. Williamson은 이 구절이 엄격한 의미에서 '메시아적'인 증거가 없다고 한다. 물론 다른 예언적인 소망과 관련해서 역대기 기자가 실현되거나 시작된 종말론을 제시했을 것이라는 것을 부인하지는 않는다. H. G. M. Williamson, Eschatology in Chronicles, *Tyndale Bulletin* 28 (1977) 154.

40. Cf. W. Riley, *King and Cultus in Chronicles: Worship and the Reinterpretation of History*, Journal for the Study of the Old Testament Supplement Series vol. 160 (Sheffield: JSOT Press, 1993), 70. Riley는 역대기가 다윗 왕조의 회복을 기대하지 않고 왕국의 제의적인 기능에 일차적인 관심이 있다고 한다.

어떤 것인가를 밝히고 있다. 곧 그것은 완전한 의미에서 신정국가를 의미하며, 여호와의 왕권에 대한 구체적인 표현이 된다.[41] 그리고 그 일은 하나님께서 주도적으로 행하시는 그분의 일방적인 행위로 이루어질 것이다.[42]

물론 땅 위에서 정치적으로 이 나라는 왕들이 하나님의 언약을 파기하고 배교행위를 일삼음으로써 그 왕위가 제대로 보존되지 못했다. 그러나 비록 유다의 멸망으로 다윗 왕조는 끝났지만왕하24:12, 다윗의 무너진 장막이 세워질 것이라는 아모스의 예언대로암9:11, 오히려 남은 자와 모든 이방인까지 주를 찾는 역사가 일어났다행15:15~16. 그들은 아브라함의 약속에서 언급된 큰 민족의 백성이 되고, 아브라함의 자손이 되었다갈3:29.[43] 다윗의 통치는 이렇게 이어진다.

이 약속은 아비야의 진술을 통해서도 확인된다. "이스라엘 여호와께서 소금 언약으로 이스라엘 나라를 영원히 다윗과 그의 자손에게 주신 것을 너희가 알 것이 아니냐"대하13:5. 시편 기자 또한 이 약속을 확정하고 있다. "주께서 이르시되 나는 내가 택한 자와 언약을 맺으며 내 종 다윗에게 맹세하기를 내가 네 자손을 영원히 견고히 하며 네 왕위를 대대에 세우리라 하셨나이다"시89:3~4, cf. 88:4~5.

하지만 이 약속의 궁극적인 성취는 예수 그리스도에게서 나타난다. 이것은 그리스도의 탄생과 부활, 그리고 사역과 관련된다. 그래서 이 약속은 메시아적일 뿐만 아니라 기독론의 기초가 된다. 이 약속이 없으면 기독론은 순수 종교사

41. B. E. Kelly, *Retribution and Eschatology in Chronicles*, Journal for the Study of the Old Testament Supplement Series 211 (Sheffield: Sheffield Academic Press, 1996), 156.
42. 여기서 사무엘서 본문의 '영원히 보존하다'라는 말(*ne'man*)과 역대기의 '내가 그를 세우다'라는 말 (*ha'amadtihû*)은 둘 다 문법적으로 '선언적 완료(perfectum declarativum)'로 쓰였다. Hans-Peter Müller, *Ursprünge und Strukturen alttestamentlicher Eschatologie* (Berlin: Verlag Alfred Töpelmann, 1969), 189.
43. 신득일, "아브라함의 약속에 나타난 교회론," 『구속사와 구약주석』, 39~56. Cf. Walter C. Kaiser Jr. The Davidic Promise and the inclusion of the Gentiles (Amos 9:9~15 and Acts 15:13~18): A Test Passage for Theological Systems, *Journal of the Evangelical Theological Society* 20 (1977), 108.

학파적 현상으로 머물 것이며, 또한 그 역사가 없으면 그것은 단지 종교적인 이념에 불과한 것이 될 것이다.[44] 그러나 예수님께서 약속을 따라 오셔서 일하셨고, 또 일하실 것이다. 예수님께서는 다윗의 아들로 오셨고마1:1; 막10:47, 참 성전이자요2:19~22 성전을 세우는 분이시다(히3:3). 그리스도의 부활 또한 다윗의 약속에 근거를 두고 있다행2:30.[45] 그리스도께서는 마침내 영원한 나라인 다윗의 보좌를 상속하시는 분히1:8으로 나타난다.[46] 결국 하나님께서 다윗에게 하신 약속은 문화영역에 속하는 정치와 영적인 영역인 예배가 통합되는 종말의 때에 이루어지는 그리스도의 완전한 통치로 성취된다.

3. 나가면서

역사서에 나타난 종말론의 핵심은 사무엘서와 역대기에 나타난 '다윗 언약'이다. 이스라엘 왕국 초기에 다윗에게 주어진 이 약속은 하나님의 계획 속에서 족장 아브라함에게 주어진 약속에 근거를 둔다. 이 약속은 이상적인 신정정치의 구현을 목표로 하는 것으로, 그 두 가지 내용은 왕조와 성전건축이다. 다윗의 왕위가 영원히 선다는 것은 메시아적인 대망을 포함한다. 비록 정치적으로 지상의 나라는 중단될지라도 그의 통치는 그리스도를 통해서 완성된다. 그리스도의 통치하에서 성도는 옛 언약의 백성이 성전건축을 통해서 누리던 안식을 완

---

44. Ernst-Joachim Waschke, Die Frage nach dem Messias im Alten Testament als Problem alttestamentlicher Theologie und biblischer Hermeneutik, *Theologische Literaturzeitung* 113 (1988), 329.

45. Cf. Robert F. O'Toole, Acts 2:30 and the Davidic Covenant of Pentecost, *Journal of Biblical Literature* 102 (1983), 245~258.

46. David G. Firth, *1 & 2 Samuel*, Apollos Old Testament Commentary (Nottingham: Apollos Press; Downers Grove: IVP, 2009), 387.

성된 형태로 누리게 된다. 그때는 주를 찾는 모든 민족이 그리스도 안에서 하나가 되고, 문화와 예배가 하나가 되는 평화의 나라가 될 것이다. 그래서 교회는 다윗의 뿌리로 오시는 그리스도를 대망한다계22:16.

How to Preach

제3장

교회

1. 들어가면서

하나의 본문이 아니라 한 권의 책이라든지 보다 큰 단위의 문헌에서 하나의 설교를 작성하는 것은 어떤 주제에 따라서 다룰 수밖에 없는 특징이 있다. 더군다나 자그마치 열두 권이나 되는 역사서에서 교회를 주제로 설교하는 것은 하나의 본문에 한정되지 않기 때문에, 역사서에서 교회의 속성과 관련된 본문에 따라서 그 의미를 설명하는 것이 최선의 방법이 될 것이다. 물론 역사서에 나타난 교회 또한 구약의 다른 부분에서 말하는 교회의 의미와 별반 다르지 않다. 하지만 이스라엘의 전체 역사를 망라하는 역사서가 강조하는 교회의 의미와 속성에 대해서 설교하는 것은 그것 나름대로 아주 의미 있는 일이 될 것이다. 이 장에서는, 물론 구약 역사서를 다루겠지만, 그 의미를 명확하게 하기 위해서 교회의 속성을 중심으로 신약의 본문과 비교하면서 계시역사의 발전에 따라 서술할 것이다.

2. 교회에 대한 역사서의 용어와 정의

역사서에 교회란 말은 없다. 그러나 교회에 대한 신약의 명칭인 '에클레시아'는 히브리어 *qāhāl*카할; 회중 < 모으다이라는 말의 칠십인역에서 온 말이다. 한편 '에클레시아'는 '불러내다'란 말에서 온 것인데, 이는 세속 사회에서는 '총회assembly'를 의미하고 성경에서는 '교회church'란 의미로 사용된다.[1] 결국 신약의

1. G. Kittel, G. W. Bromiley & G. Friedrich, *Theological Dictionary of the New Testament* (Grand Rapids, MI: Eerdmans, 1964), 501.

'교회'란 말은 구약의 '회중'이라는 말에서 온 것이라 하겠다. 언어적으로 교회는 구약과 신약에서 '부름 받은 하나님의 백성'을 가리킨다. 신약은 구약에 비해서 교회의 의미를 좀 더 구체적으로 규정하고 있다. "또 만물을 그의 발아래에 복종하게 하시고 그를 만물위의 머리로서 교회에 주셨느니라 교회는 그의 몸이니 만물 안에서 만물을 충만케 하시는 이의 충만함이니라"엡2:22~23.[2] 또한 신약은 교회를 예수 그리스도의 지체로 표현함으로써 예수님을 믿는 무리라고 말하고 있다. 뿐만 아니라 "그리스도께서 교회를 사랑하시고 그 교회를 위하여 자신을 주심 같이"엡5:25b라는 구절에서 교회는 그리스도의 대속의 죽음으로 말미암아 구원받은 무리로 표현하였다.[3]

이에 비해 구약 역사서에서 '회중'은 아주 넓은 의미로 사용되었다. 역사서에서 모두 34번 사용된 이 단어는 전쟁을 위해서 소집된 무리를 의미하기도 하고삼상17:47, '백성 'am(암)'의 동의어로 사용되기도 했다스10:1; 느8:2. 역사서에서 이단어가 가장 분명하게 교회를 가리키는 경우는 '여호와의 회중'대상28:8 또는 '하나님의 회중'느13:1이라는 표현이다. 그러나 대부분의 '회중' 또는 '온 회중'이란 말은 이스라엘 신앙공동체를 지칭한다왕상8:14,22,55; 대하6:3,12; 스10:14; 느5:13. 그리고 문맥에 따라서 '온 이스라엘', '이스라엘 자손', '온 백성'도 '회중'이란 단어의 동의어로 이해해야 하는 경우가 많다.

이렇듯 역사서에서 말하는 교회는 주로 '회중' 또는 '이스라엘 백성'으로 묘사되었는데, 그들은 하나님께서 택하신 무리를 가리킨다. 특히 역사적으로 교회는 약속의 땅을 차지해서 나라를 세우고, 하나님의 통치를 받으면서 나라를 유지하고, 또 바벨론 포로에서 돌아와서 이스라엘을 재건하는 하나님의 백성

---

2. 에베소서 2장 22절에서 '교회의 머리'라는 말은 옳은 번역이 아니다. 그리스도는 교회의 머리일 뿐만 아니라 '만물 위의 머리'가 되신다.

3. W. A. Grudem, *Systematic Theology: An Introduction to Biblical Doctrine* (Leicester, England; Grand Rapids, MI: Inter~Varsity Press; Zondervan Pub. House, 204), 853.

을 가리킨다.

3. 언약에 기초한 교회

신약의 교회가 베드로의 고백에 기초를 두고 있다면마16:16, 구약 역사서의 교회는 언약에 기초를 두고 있다.[4] 이것은 여호수아가 땅을 정복하고 분배한 후에 이스라엘 백성과 더불어 언약을 맺는 데서 확인할 수 있다. 이 언약은 에덴동산에서부터 있었지만, 이스라엘은 시내산에서 하나님과 맺은 언약출24:7~9을 계속 갱신해야 했다. 이스라엘은 여호와께서 그들의 하나님이시요, 그들은 여호와의 백성임을 거듭 고백하면서 언약적 임무를 수행해야 했다.

여호수아는 길갈에서 가나안 땅을 정복하기 위한 준비단계로서 이스라엘 백성에게 할례를 행하도록 했다수5:2~9. 이것은 정상적인 전쟁준비가 아니었다. 하지만 이스라엘에게는 가장 중요한 준비였다. 왜냐하면 할례를 행하는 것은 하나님과 맺은 언약을 갱신하는 일이었기 때문이다. 전쟁은 여호와께 속한 것이었고, 따라서 이스라엘은 언약 공동체로서 하나님과의 관계를 새롭게 함으로써 거룩한 정복전에 임해야 했다. 또한 이스라엘은 가나안 땅의 중심부인 세겜을 정복했을 때도 율법을 낭독함으로써 다시 한 번 언약을 갱신했다수8:32~35. 뿐만 아니라 가나안을 정복한 후에도 백성들이 분배받은 땅으로 돌아가기 전에 이 언약에 동참하도록 해야 했다. 물론 그 모임에는, 형식적일 수도 있지만, 여러 이

---

4. 세대주의자 Chafer의 견해에 따르면, 구약의 신자와 신약의 신자가 함께 하나의 교회를 이룬다고 생각하는 것은 옳지 않다고 한다. 그는 구약시대에는 교회가 존재하지 않았다고 하면서, 24개의 항목에 걸쳐 이스라엘과 교회의 차이점을 지적했다. 특히 이스라엘은 땅에 속한 반면, 교회는 하늘에 속했다고 주장한다. L. Chafer, *Systematic Theology* 4 (Dallas: Dallas Seminary Press, 1948), 47~53.

방 민족과 새로 이스라엘에 들어온 가나안 사람도 참여했을 것이다.[5] 그러나 중요한 것은 그들이 언약에 참여했다는 것이다.

마지막으로 여호수아는, 자신은 그의 가족과 함께 오직 여호와만 섬길 것이라고 선포하면서수24:15 백성들에게도 언약적 충성을 두 번이나 받아내는 한편수24:16, 21, 기록과[6] 기념물수24:25~26을 통해 언약을 강조했다. 이렇듯 여호수아의 인도 하에 치른 정복전의 시작과 과정, 그리고 그 마지막이 모두 언약의 체결로 이루어진 것은 이스라엘이 언약에 기초한 공동체라는 확실한 증거가 된다. 여호와와 언약을 맺는 것은 여호와 하나님의 백성이 된다는 말이다왕상10:17; 대하23:16. 따라서 하나님의 백성이 교회라고 할 때, 역사서는 교회가 철저하게 언약에 기초를 두고 있음을 보여준다.

개혁교회는 참 교회의 표지를 순수한 말씀 선포와 정당한 성례의 시행, 그리고 권징으로 삼고 있다. 반면에 역사서에 나타난 참 교회의 표지는 한 마디로 언약에 대한 신실성이라고 말할 수 있다. 왜냐하면 역사서는 이스라엘의 타락을 지적할 때 언제나 그들이 언약을 떠나거나 언약을 버렸다고 말하기 때문이다삿2:2~3; 왕상19:10,14. 거짓 교회가 참 교회로 변화되는 것도 백성이 언약으로 돌이키는 것이고왕하23:3; 대하34:31; 스10:3; 느9:38, 죄를 범한 백성이 하나님의 심판을 면하는 것도 언약을 새롭게 하는 것이다대하29:10.

이런 점에서 사사시대의 교회는 하나님의 언약을 자주 떠났다. 왕국시대의 경우, 남유다와 북이스라엘의 정치적 분리를 교회분열이라고 할 수는 없지만,[7] 여로보암의 우상숭배로 말미암아 북이스라엘은 거짓교회가 되었다. 특히 엘리

---

5. Cf. Bright, *A History of Israel*, 178.

6. 히브리어 명사 *dābār*는 '말씀'과 '일' 둘 다로 번역이 가능하다. 그러나 문맥상 26절의 "이 모든 말씀"은 "이 모든 일"이라고 번역하는 것이 타당하다.

7. 정치적으로 나라가 남북으로 나누어지더라도 예루살렘 성전을 중심으로 예배를 한다면 교회가 분리되었다고 말할 수는 없을 것이다.

야와 엘리사 시대에 배교를 단행한 이스라엘은 거짓교회의 표본이라고 할 수 있을 것이다. 그 시대의 참된 교회는 이스라엘 백성의 다수가 아니라 바알에게 무릎 꿇지 않은 칠천 명의 무리가 될 것이다대상19:18.[8] 그래서 역사서에서 언약을 파기한 이스라엘은, 비록 하나님의 백성이라는 명분은 지녔다 하더라도, 진정한 의미에서 교회라고 말할 수 없다.

언약에 기초한 교회라는 말은 언약에 참여한 모든 자가 교회의 일원이 될 수 있다는 말이다. 이 사실은 교회의 보편성과도 관계가 있다. 신약에서 교회의 보편성이란, 즉 모든 지역 교회가 하나의 교회인 보편적 교회라고 말하는 것은 '원심력의 원리'에서 이해된다. 반면에 역사서에서 인종과 민족을 초월하여 언약에 참여한 자가 하나님의 백성이 된다는 것은 '구심력의 원리'에서 이해된다. 그렇기 때문에 개인적으로는 라합과 룻이 언약에 참여했고, 집단적으로는 에스더 시대에 많은 페르시아 사람들이 언약에 참여해 유대인이 되었다에8:17. 이것은 교회가 혈연 공동체가 아니라 언약 공동체임을 보여주는 실례가 된다. 다시 말하지만, 역사서의 교회는 언약 안에서 일치를 이루는 공동체다.

4. 전투하는 교회

교회는 전투하는 공동체다. 물론 그 전쟁은 영적인 전쟁이다고후10:3~6; 엡6:12; 골3:1~4:6. 역사서에 나타난 교회의 전투는 두 가지로 구분된다. 첫째, 그것은 하나님의 약속을 성취하는 과정으로 치르는 전투로서 여호수아의 정복전과 관련된다. 하나님께서는 이스라엘 백성으로 하여금 믿음의 선한 싸움을 통해서 약속

---

8. J. Calvin, *Institutes of the Christian Religion* IV (Bellingham, WA: Logos Bible Software, 1997), i. 2.

을 받을 수 있도록 하셨다. 물론 그 싸움은 하나님께서 하시는 것이다. 하지만 그렇다 하더라도 이스라엘은 그 전투에서 하나님을 향한 믿음을 보여야 했다. 그리고 그 전쟁은 가나안 사람들을 심판하는 하나님의 도구로 사용되었다창15:16.

둘째, 역사서에 나타난 교회의 전투는 죄와 싸우는 영적인 전쟁이다. 언약 공동체인 교회는 하나님의 언약을 준수하면서 우상숭배를 멀리해야 했다. 사사기에서 가나안 사람을 내쫓거나 때로는 진멸하라는 하나님의 명령은, 공동체의 영적인 통일성을 이루는 데 항구적인 장애물이 되는 죄의 영향력을 제거하라는 것이었다. 따라서 첫 번째 전투에 대한 임무를 잘 수행하지 못한다면, 두 번째 전투에서 패배를 초래하게 된다. 사사기에 나타난 이스라엘의 실패가 이 사실을 증명하고 있다삿2:3,10. 결국 이스라엘의 전투는 바알을 향한 것이었다. 기드온의 별명인 '여룹바알바알로 하여금 쟁론하도록 하라'이 모든 하나님의 백성이 수행해야 할 사명이었다. 즉 바알의 대적이 되는 것이었다. 그러나 이스라엘은 그 임무를 잘 수행하지 못하고 오히려 바알을 숭배함으로써 멸망을 초래하였다.

바알이란 한 마디로 '세속적 인본주의'에 대한 고대적인 표현이라 하겠다.[9] 즉 세상으로부터 오는 모든 가치관이 세속화라고 할 때, 물질주의, 쾌락주의, 합리주의 등 성경적 가치관에 도전하는 모든 '주의'가 현대판 바알사상이 된다. 탐욕, 명예욕, 권력에 대한 욕심도 이 범주에 속한다. 이 말은 바알사상이 현대 교회내부에 얼마나 깊숙이 침투해 있는지를 깨닫게 한다. 이스라엘은 세속화와 싸우는 영적 전투에서 실패했다. 당시의 세속화로 대표되는 것은 '풍산豊産'이라고 하는 물질적 풍요인데, 이스라엘의 뿌리 깊은 풍요의 신에 대한 집착이 결국 그들의 파멸을 초래했다왕하17:16~18. 역사서의 교회가 바알, 즉 자연의 풍요 및 세속적 인본주의와 전투하는 교회라는 것은 세속화의 물결에 휩쓸리고 있는 현대

---

9. Jordan, *Judges*, 36.

교회에 크나큰 경고가 된다.

5. 거룩한 교제가 있는 교회

구약 역사서의 초반부는 '하나님의 백성'이 하나의 공동체라는 점을 강조한다. 그래서 여호수아서에는 '온 이스라엘'이라는 표현이 자주 등장한다수3:7,17; 7:25; 8:15,21,24 등. 이것은 이스라엘이 언약 위에 세워진 '하나의 집단'이라는 것을 의미한다. 여호수아가 가나안 정복전에서 요단강 동편의 기업을 받은 지파들에게 도움을 요청하고 그들이 거기에 순종한 것은 그들이 공동의 목표를 가진 하나의 공동체라는 인식 때문이었다수1:12-16; 18:8. 이들의 참전은 하나님의 약속에 근거한 하나님 나라의 확장을 위해 세상과 싸우는 거룩한 교제가 있는 투쟁이었다.

이스라엘은 지파간의 일치와 믿음의 교제에 방해가 된다고 여기는 것에 대해서는 대단히 민감한 반응을 보였다. 그래서 그들은 요단 동편의 지파들이 단을 세움으로써 여호와에 대한 믿음을 저버리거나 다른 형태의 믿음을 가지는 것처럼 보이게 하는 것은 이스라엘의 결속을 해친다고 판단하여 단호한 입장을 취했던 것이다수22:10-20.[10] 당시 이스라엘이 지적했던 것은 제단을 세움으로써 하나님과 나머지 지파에 대해서 반란을 일으키지 말라는 것이었다수22:19.[11] 물

---

10. B. K. Waltke, "Joshua," *New Bible Commentary*: 21st century edition, ed. by D. A. Carson, R. T. France, J. A. Motyer & G. J. Wenham (Leicester, England; Downers Grove, IL: Inter~Varsity Press, 1994), 235.

11. 한글로 '패역' 혹은 '거역'으로 번역된 히브리어 동사 *mārad*는 주로 정치적 반란이나 반역 또는 배신행위를 표현하는 말로 사용되었다(창14:4; 왕하18:7,20; 24:1,20; 대하13:6; 36:13; 느2:19; 6:6; 사36:5; 렘52:3; 17:15). 이 본문의 "(우리를) 반역하지 말라"에서 마소라 본문은 부정어 '*al*을 전치사 '*el*로 모음을 표기했는데, 이것은 부정어로 수정되어야 한다.

론 그것이 오해라는 것이 밝혀졌을 때 그들은 여호와를 찬송하며 즐거워했다수 22:33. 그러나 여호수아서에서 강조된 이스라엘의 결속은 사사시대에 이르러서는 그들이 언약을 파기하고 우상을 숭배함으로써 느슨하게 되었다. 이는 교회의 거룩한 교제는 언약에 근거를 두고 있음을 보여준다.

종교개혁 이후 교회는 성도의 교통으로 알려져 왔다. 거룩한 백성이 서로 교통하기 때문에 교회는 거룩하다는 것이다.[12] 한편 신약교회의 공식적인 거룩한 교제는 성찬에서 확인된다. 모든 성도가 그리스도의 새 언약에 참여함으로써 서로 간에 한 믿음, 한 소망을 가진 자로서 완전한 구속을 받은 것을 확증한다. 역사서에서 성도의 거룩한 교제는 어린양의 죽음으로 대속 받은 것을 기념하는 유월절에서 나타난다. 이스라엘은 배교의 시대를 제외하고는 유월절을 해마다 지켰을 것이다.[13] 역사서에는 이스라엘이 유월절을 지켰다는 기록이 네 번 나타난다수5:10; 왕하23:23; 대하30:1~27; 35:1~19; 스6:19~22.[14] 이들이 유월절을 지키는 것은 하나님의 구속과 약속의 성취를 기념할 뿐만 아니라 하나님 앞에서 성도의 거룩한 교제를 나누는 것이다.

처음에는 가족 단위의 교제로 시작했지만, 나중에는 중앙 성소를 중심으로 유월절을 지켜야 했다물론 가족 간의 준수를 배제하지는 않는다. 그래서 시편 기자는 "보라, 형제가 연합하여 동거함이 어찌 그리 선하고 아름다운고"라고 노래했다시 133:1. 여기서 '형제의 연합'은 단순히 가족이나 친구들 간의 교제가 아니라 하나

---

12. Bavinck, *Reformed Dogmatics*, Volume 4, 321.

13. 열왕기하 23장 22절의 말은 사사시대부터 이스라엘의 열왕이나 유다의 열왕 시대까지 유월절을 지키지 않았다는 뜻이 아니라, 요시야처럼 철저하게 율법에 준해서 지키지 않았다는 것이다. 그래서 "이 유월절처럼 (*kappesah hazze*)"이란 말에 유의해야 한다.

14. 구약에는 유월절을 기념하는 행사가 모두 여섯 번 기록되었다. 출애굽 때(출12:27~29), 시내광야(민 9:5), 여리고 평지(수5:10), 히스기야 왕 통치 때(대하30장), 요시야 왕 통치 때(왕상23:21~23), 제2성전건축 완공 때(스 6:19~20). 구약에 기록된 유월절 준행은 모두 과거와 현재의 전환점을 표시한다. Cf. E. Hamlin, *Inheriting the Land: A Commentary on the Book of Joshua* (Edinburgh; Grand Rapids, Mich.: Handsel Press; W.B. Eerdmans, 1983), 36~37.

님의 가족, 즉 믿음의 형제들 간의 교제를 말한다. 또한 이 시편의 표제가 시온을 향해 가는 순례자의 노래인 것을 감안하면, 이는 이스라엘의 절기 때에 시온으로 나아온 백성들이 제의적 공동체로서 교제하는 것을 의미한다고 할 수 있다.[15] 따라서 여기서 아름다운 연합은 하나님을 경배하는 가운데 누리는 거룩한 교제를 두고 하는 말이라 하겠다.

히스기야가 유월절을 지키기 위해서 북이스라엘 지파들을 초청한 것도 모든 지파의 백성들이 하나님의 백성으로서 함께 하나님께 경배하기 위한 것이기도 했지만대하30:5-9, 또 한편으로 그것은 하나님 앞에서 거룩한 교제를 나눈다는 의미도 있었다. 모세의 율법에 따라서 우상을 제거하고 그 개혁의 일환으로서 철저하게 유월절을 지킨 요시야 역시 백성에게 음식을 분배함으로써 거룩한 교제를 나누도록 했다대하35:13. 포로에서 돌아온 이스라엘 공동체도 이방생활을 청산하고 유월절을 지키면서 그들이 하나님의 한 백성인 것을 확인하는 한편 유월절 양을 나누며 거룩한 교제를 했다스6:20-22. 이렇듯 한 백성으로서 교제하는 교회의 모습은 성찬식과 같이 유월절을 지키는 데서 잘 나타났다.

역사서에서 거룩한 교제를 하는 교회의 모습은 개인적으로도 적용된다. 가장 두드러진 예는 모압 여인 룻이 보아스의 환대를 받는 장면이다. 룻은 이스라엘 남자와 결혼했지만, 언약에 신실하지 못한 그 불행한 가정에서 이스라엘 하나님의 위대함이나 교회 안에서 누릴 수 있는 성도의 교제를 경험할 기회가 없었다. 하지만 그녀는 베들레헴에서 보아스를 통해 형제자매의 사랑을 깨닫게 되었다. 그녀는 이방여인이었지만 하나님의 언약에 참여한 자로서 보아스의 특별한 보살핌을 받았다. 이제 그녀는 성도의 거룩한 교제를 통해 이스라엘 하나님의 자비를 경험할 수 있게 되었다. 그리고 이 믿음의 교제가 하나님의 구속역

---

15. Cf. L. C. Allen, *Psalms 101-150* (Revised), Word Biblical Commentary (Dallas: Word, Incorporated, 2002), 279.

사의 결정적인 토대를 마련하게 된다.

개인적인 교제의 또 다른 예는 다윗과 요나단의 관계에서 찾을 수 있다. 이들의 관계는 단순한 우정을 넘어선다. 그렇다고 해서 이 관계를 동성애로 규정해서는 안 된다. 그보다는 이상적인 성도의 거룩한 교제란 관점에서 보아야 한다. 그들은 정치적 이해관계를 떠나 서로를 채워주면서 만족을 누리는 이타적인 사랑의 관계 안에서 믿음의 교제를 나누며 하나님의 인도하심을 따랐다. 다윗은 이미 기름부음 받은 메시아였다. 요나단이 그것을 알았는지는 모르지만, 그는 자신의 마음에 합한 왕을 그 백성에게 주시려는 하나님의 섭리에 순종했다. 당시 언약에 신실하지 못한 아버지 사울과의 관계를 불편하게 만들면서까지 자기에게 돌아올 왕관을 다윗에게 돌린 요나단의 행위는 메시아가 오시는 길을 여는 믿음의 행위였다.[16]

요나단의 우정은, 다윗이 자기보다 훨씬 어리고 신분도 비천했음에도 불구하고, 궁극적으로 자신이 순종할 메시아의 조상에 대한 사랑과 배려였다.[17] 하나님께서는 다윗에 대한 요나단의 아름다운 교제를 통해 인류에 대한 구원계획을 점차 이루어가셨다. 이것이 역사서가 보여주는 교제하는 교회의 모습이다. 즉 거룩한 교제를 통하여 하나님의 일을 이루는 것이다.

6. 기관으로서 가르치는 교회

신약의 교회가 그리스도의 몸으로서 직분자의 봉사를 통해서 성장하는 것과 같이엡4:11~12, 구약의 교회로서 이스라엘 역시 직분을 통해 이상적인 신앙공동

---

16. 신득일, "다윗과 요나단의 관계," 『구약과 현실문제』 (서울: CLC, 2021), 120~140.
17. De Wolff, *De geschiedenis der Godsopenbaring*, IV, 174~175.

체로 유지된다. 이스라엘의 대표적인 직분은 왕과 선지자와 제사장이다. 특별히 역사서는 이 직분들의 중요성을 강조한다. 그런데 가나안 땅에 정착한 후, 이스라엘은 왕이 없었으므로 사사시대라고 하는 영적인 혼란을 겪게 된다. 이에 사사기는 왕이 없어서 그런 고통을 당함을 암시한다삿19:1; 21:25.[18] 반면에 사사시대 말기에 일어난 사건이라 할 수 있는 룻의 이야기는 왕이 오신다는 핵심적인 메시지를 담음으로써 왕이 오시는 것에 기대를 갖게 한다룻4:22. 사사시대와 맞물리는 사무엘서의 내용도 왕이 어떻게 오는가를 보여준다.

역사서의 초반부에서는 직분수행을 통해 이상적인 신앙공동체를 이루시려는 하나님의 계획을 엿볼 수 있다. 하나님께서는 왕을 보내시기 위해 선지자를 부르시는 동시에 타락한 제사장직을 개혁하셨다. 왕은 권력이 있더라도 이 두 직분자의 도움 없이는 이상적인 통치가 불가능했기 때문이다. 그래서 하나님께서는 그분께 드리는 제사를 멸시하고삼상2:17 성소에서 가나안의 종교행위를 행함으로써삼상2:22[19] 이스라엘 전체를 영적으로 오염시킨 홉니와 비느하스를 심판하셨다. 그들은 직분에 불충한 자로서[20] 백성의 구원을 방해하는 제사장이었다. 따라서 백성을 위해서라도 그들은 제거될 수밖에 없었다.

---

18. 혹자는 이스라엘에 왕이 없는 것이 오히려 이상적인 것이라고 본다. 그것은 사무엘상 8장에서 하나님께서 왕을 구하는 백성의 요청에 부정적으로 반응하시기 때문이다. 그러나 그 본문은 왕을 구하는 것 자체를 문제 삼는 것이 아니라, 왕을 구하는 그들의 동기가 잘못된 것을 문제 삼는 것이다. 하나님께서는 왕을 허락하셨다(신 17:14~20). 또한 왕국을 세우기 위해서 왕을 준비하시고는 하나님의 마음에 합한 왕을 세우라고 지시하셨다(삼상16:12).

19. 에반스와 같은 주석가는 이들의 죄를 단순한 성적인 부도덕으로 본다. M. J. Evans, *1 & 2 Samuel*, Understanding the Bible Commentary Series (Grand Rapids, MI: Baker Books, 2012), 24. 그러나 '동침하다($yi\check{s}k^e\underline{b}\bar{u}n$)'란 동사는 미완료형으로서 지속적이고 반복되는 행위를 의미한다. 이것은 가나안 신을 섬기는 것과 같은 봉헌의 행위를 의미한다고 볼 수 있다. 따라서 홉니와 비느하스의 죄는 도덕적인 죄를 넘어서 종교적인 죄가 된다. Cf. A. H. van Zyl, *I Samuël* (Nijkerk: Callenbach, 1988), 56.

20. 그들은 '벨리알($b^e liyyi'al$)'이라는 적그리스도의 이름을 가진 자였다(삼상2:12; 고후6:15). 그들의 직분을 통해서 그리스도를 보여주어야 할 제사장들의 이런 이름 자체에서 그들이 얼마나 직분에 불충한 자였는지를 알 수 있다.

물론 그들 외에도 당시에 죄를 지은 사람은 많았을 것이다. 하지만 하나님께서 다른 사람이 아니라 그들의 죄를 특별히 심각하게 여기신 것은 그들이 직분자였기 때문이다. 직분자가 직분에 충실하지 못할 때 백성의 구원은 위태롭게 된다. 그래서 하나님께서는 "엘리 집의 죄악은 제물로나 예물로나 영원히 속죄함을 받지 못하리라"고 단언하셨던 것이다삼상3:14. 제사를 멸시하는 것은 그리스도의 구속사역을 거부하는 것이기 때문에 용서받지 못하는 성령 모독죄에 해당된다마12:31. 제사장이 충실하게 직분을 수행할 때만 백성이 하나님과의 관계를 회복할 수 있다.

하나님께서는 제사장직의 개혁과 함께 선지자를 세우심으로써 말씀이 희귀했던 사사시대를삼상3:1 끝내고 새로운 시대를 열고자 하셨다. 사사시대에 하나님께서 그분의 계시를 보류하신 이유는 백성이 순종하지 않았기 때문이다. 그러나 하나님께서는 사무엘을 부르심으로써 강수처럼 계시의 말씀을 주려고 하셨다. 하나님께서는 사무엘을 네 번이나 부르셨는데, 이 또한 사무엘의 활동으로 왕이 오는 길을 여시려는 하나님의 의지로 볼 수 있다삼상1:4~10. 사무엘은 구약의 첫 선지자로서행3:24[21] 왕의 탄생을 위한 산파역할을 하게 된다. 실제로 그는 다윗에게 기름을 부은 후 역사의 무대에서 사라진다. 그의 역할은 거기까지였다고 할 수 있다. 왕은 선지자를 통하여 하나님의 말씀을 들어야 한다. 왜냐하면 이스라엘에서 왕의 역할은 전쟁을 하기 위함이 아니라 백성에게 율법을 준수하게 함으로써 하나님과 은혜로운 언약관계를 유지하도록 하기 위함이었기 때문이다. 그래서 사울 곁에는 사무엘이, 다윗 곁에는 나단이, 솔로몬 곁에는 갓이, 여로보암 2세에게는 아모스가 필요했던 것이다.

왕국시대가 시작된 이후 이스라엘은 왕의 통치에 따라서 나라의 운명이 좌우

---

21. 베드로가 "사무엘 때부터 이어 말한 모든 선지자"라고 표현한 것은 사무엘이 구약의 첫 선지자라는 점을 시사한다.

된다. 여기서 왕의 통치라는 것은 정치적인 능력이 아니라 언약적 믿음에 의한 정치를 의미한다. 다윗은 비록 결함이 있는 왕이었지만 하나님을 의지하는 왕으로 인정받음으로써 역대 유다 왕들을 평가하는 기준이 되었다왕상11:33; 15:3,11; 왕하14:3; 16:2; 18:3; 22:2. 반대로 북이스라엘의 여로보암은 하나님의 언약을 파기한 왕으로서 악한 이스라엘 왕들을 평가하는 표준이 되었다왕상15:34; 16:19,26,31; 왕하3:3; 10:31; 11:11; 13:2; 14:24; 15:9,18,24,28. 한편 솔로몬의 경우에는 그가 하나님의 언약을 버렸음에도 다윗에게 주신 하나님의 약속 때문에 그에 대한 심판은 보류되었지만, 결국 그의 실정으로 말미암아 나라는 분열되고 말았다왕상11:12~13.

직분에 충실한 왕의 통치는 나라의 번영과 백성의 안녕을 보장했지만, 직분에 불충한 왕의 통치는 하나님의 심판을 초래해 백성에게 고통을 가져다주었다. 이스라엘의 번영과 쇠퇴는 왕의 통치에 대한 하나님의 언약적인 복과 저주의 결과로 나타난다신28장. 그러나 앞에서 언급한 대로 여로보암 2세의 경우는 예외라고 할 수 있다. 그가 악한 왕이었음에도 불구하고 이스라엘은 솔로몬 이후 최고의 번영을 구가했다왕하14:25~27.[22] 이는 하나님의 자유로운 의지에 따른 자비에 근거한 것으로밖에 볼 수 없다.[23] 결과적으로 역사서는 직분자의 직분수행을 통해서 이상적인 신앙공동체를 계획하신 하나님의 선한 의도와는 달리 직분에 불충한 왕의 통치가 어떤 결과를 가져오는가를 잘 보여준다.

포로에서 돌아온 이스라엘은 다시 직분자를 중심으로 신앙공동체를 세워야 했다. 다윗 왕가에 속하는 스룹바벨의 지도하에 성전을 건축하는 과정이 지도

---

22. "하맛 어귀에서 아라바 바다까지" 이스라엘의 영토를 회복한다는 것은 북쪽으로는 레바논과 안티레바논 사이의 레바논 베카 계곡에 위치한 레보-하맛 국경까지를 말하는 것인데, 이는 역사적으로 이스라엘의 이상적인 경계(민13:21)가 될 뿐만 아니라 솔로몬 시대의 영토를 되찾는다는 것이다. 남쪽으로는 아라바 바다가 염곡과 일치한다면, 당시 여로보암은 모압은 물론 '왕의 대로' 전체를 장악한 것으로 볼 수 있다. D. J. Wiseman, *1 and 2 Kings: An Introduction and Commentary*, Tyndale Old Testament Commentaries (Downers Grove, IL: InterVarsity Press, 1993), 264.
23. John J. Bimson, "1 and 2 Kings," *New Bible Commentary*, 336.

자의 사명과 믿음의 중요성을 일깨워주었다. 또한 귀환한 유대인들이 하나님의 백성으로서 그 정체성을 회복하는 것은 에스라나 느헤미야와 같은 직분자의 임무수행이 있었기 때문에 가능한 일이었다. 서기관이었던 에스라는 제사장들과 함께 하나님께 드리는 바른 제사를 회복하는 한편스3:2~6, 정결한 유대 공동체의 모습을 회복하는 데 주도적인 역할을 했다스10:11~12. 뿐만 아니라 성전건축 이후에는 하나님의 은혜로운 돌보심을 감사하는 절기인 나팔절에 율법을 공적으로 낭독함으로써 백성이 율법을 깨닫고 회개하도록 했다느8:1~9.[24] 총독이었던 느헤미야의 주된 역할은 성벽을 재건하는 것이었지만, 새로운 공동체를 개혁하는 일에서도 그의 역할이 잘 나타났다.[25] 그의 개혁에서는 직분을 정화시키려는 의도가 더욱 돋보였다느13:29~30. 이러한 모든 개혁은 직분자의 직분수행을 통해서 회복된 공동체가 새로운 성전을 중심으로 언약에 신실한 삶을 살도록 하려는 조치였다.

역사서 전체에서 나타난 교회 공동체의 모습은 기관으로서 왕과 선지자와 제사장의 직분수행이 얼마나 중요한가를 보여준다. 이런 점에서 신약의 교회가 목사, 장로, 집사의 직분을 두는 것은 구약 역사서에 나타나는 선지자, 왕, 제

---

24. 서기관 에스라가 율법책을 읽은 것을 두고 한글 성경은 '낭독하고'라고 표현했다(8:8). 그런데 히브리어 $m^e f \bar{o} r \bar{a} \check{s}$에 대한 번역은 다양하다. 대부분의 영어번역은 이를 '명확하게'라고 번역했다(KJV, NIV, ESV). 반면 어떤 영어성경은 '번역하다'로 번역했다(NASB). 이런 번역은 칠십 년의 포로생활을 하면서 공용어였던 아람어에 익숙해진 사람들이 히브리어를 알아듣지 못했음을 전제로 한다. 그러나 만일 포로에서 돌아온 사람들이 히브리어를 몰랐다면 어떻게 해서 포로 후기에 많은 선지서와 역사서가 히브리어로 쓰였는지에 대해서 답할 수 없다.

25. 첫째, 느헤미야는 하나님의 율법을 무시한 부자들에 의해서 착취당하는 공동체의 가난한 자들을 위해 조치를 취했다(5:1~19). 둘째, 죄를 회개하고 방백과 레위인과 제사장들이 언약을 갱신하고 인을 치도록 했다(9:37~10:39). 셋째, 이방인들이 하나님의 회에 참석하지 못하도록 함으로써 예배를 정화시켰다(13:1~3). 넷째, 성전이 사적으로 오용되는 것을 막고 목적에 부합하는 용도로 사용되도록 회복시켰다(13:4~9). 다섯째, 레위인들을 직무에 복귀시킴으로써 회복된 공동체가 언약의 특권을 누리도록 했다(13:10~14). 여섯째, 안식일을 범하는 사람들을 꾸짖고 안식일을 준수하도록 했다(13:15~22). 일곱째, 다른 종교를 가진 이방인과 결혼한 유대인들로 하여금 그 관계를 정리하도록 했다(13:23~29).

사장의 직분에서 유래한 것으로 이해할 수 있다. 특별히 역사서에서의 교회는 직분자의 가르치는 사역에 비중을 둔다.[26] 하나님을 아는 것이 제사보다 더 중요하기 때문이다호6:6.[27] 역사서는 교회가 직분자를 통해 하나님의 뜻을 전달받을 뿐 아니라 직분자의 봉사가 없이는 건강하게 유지될 수 없음을 보여준다. 그리고 궁극적으로 공동체를 위해 완전한 '직분자'를 대망하도록 하는 것이 역사서가 보여주는 교훈이다.

7. (메시아의 길을 예비하는) 영원한 교회

예수님께서는 지옥의 권세가 결코 교회를 정복하지 못할 것이며, 세상 끝 날까지 그분께서 교회를 보존하실 것이라고 약속하셨다마16:18; 28:20; 엡4:11-13; 딤전3:15. 교회는 주님의 교회이기 때문이다. 역사서에 나타난 이스라엘도 영원한 하나님의 백성으로 언급된다. "주께서 주의 백성 이스라엘을 세우사 영원히 주의 백성을 삼으셨사오니 여호와여 주께서 그들의 하나님이 되셨나이다"삼하7:24. 구약의 교회로서 이스라엘이 영원한 것은 다윗에게 하신 하나님의 약속 때문이다. 하나님께서는 다윗의 왕위를 영원히 견고하게 하실 것이라고 약속하셨을 뿐 아니라삼하7:12-13 그 약속을 끝까지 지키셨다.[28]

물론 이스라엘의 정치적인 왕위는 그들의 불순종과 우상숭배로 말미암아 제대로 보존되지 못했다. 예를 들어, 아달랴의 집권은 다윗 왕조의 계승에 일시

---

26. 제사장도 성소와 성전을 관리하는 일과 제사를 집전하는 일 외에도 율법을 가르치는 일을 담당했다(레10:11). 아사 시대에 하나님께서는 선지자 오뎃을 통해 오랫동안 이스라엘에 "가르치는 제사장"이 없었다고 지적하셨다(대하14:3).

27. Hamlin, *Inheriting the Land*, 148.

28. 이 부분에 대한 상세한 설명은 제2장 "종말"에서 "2. 다윗의 약속에 대한 주석적 설명"을 참고하라.

적인 단절을 가져왔다왕하11:3. 그리고 합법적인 다윗의 왕조는 여호야긴으로 끝났다왕하24:12. 그러나 다윗의 무너진 장막이 다시 세워질 것이라는 아모스의 예언암9:11이 성취되어서 남은 자는 물론이고 모든 이방인까지 주를 찾고 교회로 들어오는 역사가 일어났다행15:15~16. 다윗의 통치는 그리스도를 통해 지속적으로 이루어졌고, 그 백성은 아브라함의 약속에서 언급된 큰 민족의 백성이 되었다. 즉 그리스도에 속한 사람이 곧 아브라함의 자손인 것이다갈3:29.[29] 왜냐하면 하나님께서 다윗에게 하신 약속은 하나님께서 아브라함에게 하신 약속의 연장선에서 더 구체화되었기 때문이다.

역사서에서 약속에 따라 그분의 백성을 버리지 않고 영원히 지키시려는 하나님의 의지는 이스라엘 역사의 후반부에도 잘 나타난다. 앞에서 언급한 바와 같이, 여호야긴은 37년 만에 석방되어 다른 왕들보다 더 높아지고 후한 대접을 받았다왕하25:27~30. 여호야긴이 마지막에 이런 대접을 받은 것은 그분의 교회를 지키시는 하나님의 특별섭리로 봐야 한다. 이 사건은 다윗의 왕위를 이을 자로부터 메시아가 오시는 길이 열리는 것을 의미한다마1:11~12. 그래서 열왕기의 마지막 메시지는 인간의 불순종에도 불구하고 하나님의 교회는 계속 보존된다는 것이다.

이런 사상은 에스더서에서도 잘 나타난다. 모르드개의 불신앙과 하만의 계략으로 유대민족이 멸절될 위기에 처해있을 때, 하나님의 절묘한 반전의 역사가 나타난다. 이는 인류를 구원할 메시아의 길을 열고 교회를 지키시려는 하나님의 의지로밖에 볼 수 없다. 또한 에스더서는 페르시아 제국 내에서 모르드개의 지위가 상승된 것과 함께 그가 유대인들을 위해 일했다는 말로 끝난다에10:3. 그의 지위가 높아지는 것보다 그가 하는 역할이 훨씬 중요하다. 하나님께서 메시

---

29. 신득일, "아브라함의 약속에 나타난 교회론," 39~56.

아의 길과 자기 백성을 보존하기 위해서 그에게 권위를 주신 것이다.

이렇게 구약 역사서에서 교회의 영원한 보존은 메시아의 길이 열리는 것과 궤를 같이 한다. 이와 함께 재미있는 관찰은 모든 역사서의 마지막 언급은 교회를 위한 위로와 희망의 말로 장식된다는 것이다. 여호수아공동체의 미래,[30] 사사기왕에 대한 요청, 룻기왕의 오심, 사무엘재앙이 그침, 열왕기여호야긴의 회복, 역대기귀환명령, 에스라-느헤미야느헤미야의 축복, 에스더교회의 보존 등 역사서 각 권의 마지막 부분이 주는 메시지는 '교회는 영원하다'는 것이다.

8. 나가면서

역사서에서의 교회는 하나님의 언약을 기초로 한 믿음의 공동체로서 거룩하게 교제하는 모임이었다. 그리고 그 교제는 공식적이든 사적이든 하나님의 일을 위한 것이었다. 역사서에서의 교회는 신약교회와 마찬가지로 직분자의 직분 수행을 통해서 유지되고 성장했다. 직분자의 직분에 대한 불충은 공동체의 위기를 초래한다. 또한 교회는 하나님의 약속을 받기 위해서 사명을 가지고 싸워야 했고, 거룩한 백성으로서 자신의 신분을 유지하기 위해서 우상과 싸우는 영적인 전투를 치러야 했던 공동체였다. 영적인 투쟁으로서 우상 및 세속주의와 싸우는 것은 모든 시대의 교회가 안고 있는 중대한 과제다. 역사서에서의 교회는 이 싸움에 실패해서 사라지는 것처럼 보였지만, 그분의 백성에 대한 하나님

---

30. 엘르아살의 죽음은 분명히 여호수아와 함께 하나님과 맺은 언약 공동체의 슬픔을 표시한다. 그러나 역사서 전체라는 넓은 관점에서 볼 때, 그의 무덤은 여호수아 시대의 마지막을 장식할 뿐만 아니라 포로기를 넘어서 지속적으로 이어지는 제사장 직분의 수행을 통한 공동체의 생존을 가리킨다(대상6:13; 스3:2; 느12:22). Hamlin, *Inheriting the Land*, 204.

의 긍휼과 약속으로 말미암아 새롭게 조성되어 메시아의 길을 예비했다. 이는 하나님의 교회는 영원히 존재한다는 것을 보여준다.

How to Preach

제4장

성령

1. 들어가면서

신약성경을 읽다가 "예수께서 아직 영광을 받지 않으셨으므로 성령이 아직 그들에게 계시지 아니하시더라"요7:39는 부분만 알고 있는 사람은 구약에도 성령의 임재와 역사가 있었는가라고 질문하게 된다. 그러나 구약에도 백성이나 개인에게 성령이 임하고 사역한 내용을 담은 구절이 30개가 넘는다. 그 가운데서 역사서에 나타나는 성령의 임재와 역사가 반 이상을 차지한다18구절.[1] 이 말은 신약의 성령과 구약의 성령의 임재와 역사의 의미가 다르다는 것을 암시한다. 이 글은 설교를 위해 작성된 것이기 때문에, 여기서는 구약 역사서에 나오는 '여호와/하나님의 영'과 관련된 모든 구절을 나열하며 주석할 필요는 없고, 다만 주석에 근거한 본문의 의미를 설명함으로써 역사서에 나타난 성령의 사역의 특징을 설명할 것이다. 그리고 그것이 새 언약 시대에 누리는 성령의 역사와의 일치점과 차이점이 무엇인지를 지적하면서 오늘날 성령에 대한 바른 이해를 갖도록 도울 것이다.

2. 성령과 능력

역사서에서 가장 두드러진 성령의 사역은 성령이 사사들에게 외적인 능력으로 임한 사건이다. 모든 사사들에게 성령이 임했다는 말은 없지만, 성령의 임재와 관련된 몇몇 사사들의 경우를 볼 때, 이를 역사서에 나타나는 성령의 사역의 일반적인 특징으로 이해할 수 있다.

---

1. Cf. 레온 J. 우드, 『구약성경의 성령론』, 이순태 역 (서울: CLC, 1999), 173.

(1) 사사들에게 임한 성령

사사기에는 옷니엘삿3:10, 기드온삿6:34, 입다삿11:29 그리고 삼손삿14:6,19; 15:14
에게 성령이 임했다고 언급한다. 그런데 나머지 사사들에게는 성령의 임재나
사역에 대한 언급이 없다. 퍼스David G. Firth는 이를 공적인 인정과 관련된 것으
로 본다. 즉 에훗과 드보라는 이미 지도자로서 인정받고 있었기 때문에 성령이
임할 필요가 없었다는 것이다.[2] 그러나 비록 성령의 임재가 공적인 인정과 같은
중요한 역할을 한다고 볼 수 있지만, 그것을 성령의 임재를 구분 짓는 기준으로
보기는 어렵다. 그렇다면 이방인으로 보이는 삼갈삿3:31과 같은 사람에게 성령
이 임했다는 말이 없는 것과 바락이 군대를 통솔했음에도 성령에 관한 언급이
없다는 것, 이에 반해 삼손에게는 여러 번 성령이 임했다고 언급한 것 등을 설
명하기가 어렵다. 그러므로 단지 기록되지 않았을 뿐 모든 사사들이 성령의 능
력으로 사역했다고 봐야 할 것이다. 그러면 본문을 통해서 성령과 관련된 사사
들을 살펴보도록 하겠다.

1) 옷니엘

백성이 바알들과 아세라들을 섬기기 시작하자 하나님께서 진노하시어 그들
을 구산 리사다임에게 종으로 파셨다.[3] 하지만 하나님께서는 백성의 부르짖음을
듣고 팔 년 동안의 압제 끝에 그들에게 구원자를 보내셨다. 그가 바로 옷니엘이
었다. 그는 드빌을 정복한 자로서 그의 이름과 함께 그의 용맹과 믿음이 상당히
알려져 있었을 것이다. 그가 사사가 된 것은 "여호와의 영"이 임했기 때문이다.

---

2. David G. Firth, "The Spirit and Leadership: Testimony, Empowerment and Purpose," in David G. Firth and Paul D. Wegner, *Presence, Power and Promise* (Downers Grove, Illinois: IVP Academic, 2011), 270-71.
3. 구산 리사다임은 "두 배로 악한 구스인(Cushan of Double Wickedness)"이란 뜻인데, 이것으로 역사적인 인물과 연결시키기는 어렵다. 히브리 성경은 본명이 아니라 패러디로 좀 우스꽝스러운 이름을 붙이곤 했다. 따라서 그것은 종살이의 혹독함을 나타내는 것으로 보인다(cf. 렘50:21, 므라다임의 땅).

"여호와의 영이 그에게 임하셨으므로 그가 이스라엘의 사사가 되어"삿3:10a. 그런데 그가 비록 사사로 부름을 받긴 했지만, 사실 그의 사역은 재판도 아니고, 백성을 다스리는 것도 아니고, 백성을 압제에서 해방시키는 것이었다. 여기서 '여호와의 영'이 임했다는 것은 단순히 그 영의 영향을 받은 것이 아니라 하나님의 영의 인격이 임한 것으로 이해해야 한다. 따라서 그는 하나님의 임재와 능력에 사로잡혀서 하나님의 뜻을 수행하게 된 것이었다.[4]

옷니엘은 성령의 임재로 말미암아 사사가 되었을 뿐 아니라 구산 리사다임과 싸워서 이겼다. 그런데 옷니엘이 성령의 능력을 받아서 전쟁에서 이겼다고 말하지 않고 "여호와께서 메소보다미아 왕 구산 리사다임을 그의 손에 넘겨 주시매"라고 말하고 있다.[5] 이로 보건대 이 본문에서 성령의 임재와 관련해 알 수 있는 것은 옷니엘을 하나님께서 세우셨다는 것과 그가 성령의 임재로 말미암아 공적으로 백성에게 인정받았을 뿐만 아니라 하나님께서 도우시는 능력을 경험했다는 것이다. 결국 '여호와의 영이 임한 것'은 백성의 해방을 위해 사역할 수 있는 신적인 보증이 되었다는 것이다.

2) 기드온

"여호와의 영이 기드온에게 임하시니"삿6:34a라는 말은 원문을 따라 번역하면, "여호와의 영이 기드온을 '덮었다lāḇᵉšā'"가 된다. 이 말은 성령이 옷을 입은 것처럼 인격으로 거한다는 의미이므로 '성령으로 옷 입다'로 번역해야 한다.[6] 기드온은 성령에 사로잡혀서 사역에 임할 준비가 된 상태에서 사사로서 자신의 임

---

4. D. I. Block, *Judges, Ruth*, NAC (Nashville: Broadman & Holman Publishers, 1999), 155.
5. '손에 넘겨주다' 또는 '손에 붙이다(nāṯan beyāḏ)'란 말은 '굴복하게 하다'란 숙어다. A. S. van der Woude, "yāḏ," *TLOT*, 501.
6. E. Jenni, "lāḇaš," *TLOT*, 644.

무를 감당해야 했다. 그렇다고 해서 그가 사람이 변했다거나 사명에 투철한 사람이 되었다는 말은 아니다. 그보다는 성령이 주도적으로 사역한다고 봐야 한다. 기드온은 전쟁하기 위해 나팔을 불어서 백성을 소환했다. 그런데 아비에셀이 먼저 그에게 나아온 것은 놀라운 일이다. 기드온은 그 집안에서 작은 자 중에서도 작은 자였다. 그런데도 고향 사람이 그를 지도자로 인정하고 따랐다는 것은 하나님의 은혜의 사역으로밖에 볼 수 없다마13:54~58. 그런 다음 기드온이 속한 므낫세, 아셀, 스불론, 납달리 지파 사람들이 그의 소환에 순종하여 나아왔다.

이런 역사는 그에게 "여호와의 영"이 임했기 때문에 성령의 인도로 이루어진 것이었다. 이때 성령의 임재는 기드온에게 승리의 확신을 주는 것이 아니라 백성을 구원할 사역자로서 합법성을 부여하는 것으로 이해할 수 있다. 하나님께서는 그가 사명을 수행할 수 있도록 성령의 역사를 허락하셨다. 하지만 사명이 필요 없는 상황이 되자 기드온은 죄를 지어 이스라엘을 우상숭배에 빠져들게 했다삿8:27.

3) 입다

앞의 두 사사와 같이 입다도 여호와의 영이 임하는 것을 경험했다삿11:29. 입다는 사생아로서 쫓겨나 돕 땅의 잡류'anāšîm rēqîm들과 함께 지냈다. 하지만 암몬 왕에게 보낸 그의 메시지를 보면 그가 이스라엘의 역사를 잘 알고 있었을 뿐 아니라삿11:15-26, 하나님을 판결자로 인정하는 바른 관점을 지니고 있었음을 알 수 있다삿11:27. 또한 그는 이미 계약에 의해서 길르앗의 지도자로 인정받은 상태에 있었다삿11:11. 그런데 입다에게 성령이 임한 시점을 보면, 그때는 암몬 왕과 평화적인 외교가 결렬되어 전쟁에 돌입하게 된 상황이었다. 따라서 입다의 경우 성령의 임재는 단순히 사사로서 공적으로 인정받는 것이라기보다 그의 사명을 감당하도록 능력을 주기 위함인 것으로 봐야 한다. 이런 성령의 임재는 인격의 변화나 성령의 열매를 기대할 수 있는 것이 아니라 사역을 위한 조치일 뿐이다. 이는 그가 '첫 열매'를 드리는 것을 잘못 적용하는 그의 성급한 맹세를 통해서도 알 수 있다.

4) 삼손

다른 사사와는 달리 삼손의 경우는 "여호와의 영"과 관련된 사건이 세 차례나 나온다삿14:6.19; 15:14. 그런데 그 전에도 삼손이 여호와의 영에 감동되었다는 말이 있다. "소라와 에스다올 사이 마하네단에서 여호와의 영이 그를 움직이기 시작하였더라"삿13:25. 이 구절은 삼손에게 성령이 임한 특정한 사건을 가리키는 것이 아니라,[7] 그가 성년으로 자란 후에 성령의 능력으로 하나님께서 예언하신 것을 성취할 것이라는 전체적인 진술을 해설자를 통해 미리 알려주는 것이다.[8]

삼손에게 임한 성령의 사역과 관련된 사건을 살펴보면, 그에게 임한 성령은 다른 사사들에게 임한 성령의 사역과 차이가 있다. 삼손에게는 특별히 성령의 역사가 신체적인 능력과 관련된다. "여호와의 영이 삼손에게 강하게 임하니 그가 손에 아무것도 없이 그 사자를 염소 새끼를 찢는 것 같이 찢었으나"삿14:6a, "여호와의 영이 삼손에게 갑자기 임하시매 삼손이 아스글론에 내려가서 그곳 사람 삼십 명을 쳐 죽이고"삿14:19a, "여호와의 영이 삼손에게 갑자기 임하시매 그 팔위의 밧줄이 불탄 삼과 같아서 그의 결박되었던 손에서 떨어진지라"삿15:14b. 이 세 사건에서 성령의 임재와 관련해 공통으로 사용된 동사는 '찰라흐ṣālaḥ'인데, 그 의미는 '침투하다' 또는 '능력으로 임하다'라는 뜻이다.[9] 이는 한글성경개역개

---

7. 레온 우드는 성령께서 삼손에게 네 번 오셨다고 말한다. 우드, 『구약성경의 성령론』, 68.
8. Cf. K. L. Younger, Jr., *Judges and Ruth*, The NIV Application Commentary (Grand Rapids, MI: Zondervan, 2002), 292.
9. *HALOT*, 1026.

정의 뒤의 두 번역에서 볼 수 있는 '갑자기 임하다'와 의미가 다르다. 한글번역은 상황적인 면을 강조하지만, 원어는 본인의 의사와 상관없이 하나님의 주도적인 사역의 측면을 부각시킨다.

삼손에게 성령이 임한 첫 번째 경우는 사사로서 공적으로 인정받는 것과 무관하다. 나머지 경우는 사람들이 삼손의 카리스마적인 능력을 보고 그를 사사로 인정했을 수 있지만, 성령의 사역의 일차적인 목적은 삼손이 곤경에서 벗어나서 대적을 무찌를 수 있는 능력을 주는 것이었다. 물론 성령의 능력으로 그의 인격이 변화된 것도 아니었다. 삼손에게 임한 성령의 역할은 그가 보통 사람에게서 볼 수 없는 특별한 능력을 가진 사사로서 자신과 이스라엘의 대적을 물리치는 사역을 하도록 한 것이었다. 삼손은 하나님의 손에 들린 신적인 도구였을 뿐이다.[10]

(2) 사울에게 임한 성령

마지막 사사에 해당되기도 하는 사울에게 여호와의 영이 임한 사건은 모두 세 번이었다삼상10:10; 11:6; 19:23.[11] 그 가운데서 두 번은 예언과 관련된 것이었고, 한 번은 군사적인 사건과 관련된 것이었다. 그러나 두 차례의 성령 임재가 예언과 관련되었다고 해서 그 두 사건이 같은 의미를 가지는 것은 아니다. 즉 첫 번째 것은 긍정적인 것이었지만, 두 번째 것은 부정적인 것이었다. 그러면 사울에게 임한 여호와의 영을 언급하는 본문을 차례로 살펴보자.

---

10. 유진 메릴은 삼손에게 임한 성령의 사역은 삼손의 신앙과 불신앙, 순종과 불순종의 조건이 되지 않는다고 한다. Eugene H. Merrill, "The Samson Saga and Spiritual Leadership," in *Presence, Power and Promise*, 292.
11. 사무엘상 19장 20절은 사울의 사자들에게 성령이 임했다고 한다.

1) 사무엘의 예언 성취

사울에게 처음으로 성령이 임한 것은 "네게는 여호와의 영이 크게 임하리니 너도 그들과 함께 예언을 하고"라는 사무엘의 예언삼상10:6이 성취된 것이었다. "하나님의 영이 사울에게 크게 임하므로 그가 그들 중에서 예언을 하니"삼상 10:10b. 그에게 성령이 임한다고 할 때 사용된 동사는 삼손에게 임할 때 사용된 동사와 같다ṣālah. 사울이 성령을 받아서 예언한 것은 일종의 신호와 같은 것이었다. 즉 하나님께서 그에게 새로운 마음lēḇ ʾaḥēr, 다른 마음을 주셔서 전혀 다른 사역을 하게 될 것이라는 신호였다. 사울의 예언에 대해 백성들이 "사울도 선지자들 중에 있느냐"삼상10:12b라고 조롱한 것은 그가 선지자 그룹에 속하지 않는다는 답을 기대하는 수사의문문이다. 따라서 그가 예언한 것은 그가 선지자 무리의 일원이기 때문이 아니라 그가 성령의 지배를 받는 새로운 통치자이기 때문이었음을 알 수 있다.[12]

2) 전쟁 상황

암몬 왕 나하스가 야베스 사람들에게 굴욕적인 항복조건을 제시한 상황을 들은 사울은 "하나님의 영에게 크게 감동"되었다삼상11:6. 여기서 한글번역은 다른 경우와는 달리 문장의 구조가 바뀌었지만, 히브리어 본문은 '하나님'이란 명사 외에는 바뀐 것이 없다. 곧 "하나님의 영이 사울에게 능력으로 임했다wattiṣlah rūᵃḥ-ʾelōhīm al-šāʾūl"가 된다. 이것은 삼손에게 임한 것과 같은 양상이다삿14:6,19; 15:14. 여기서 사울에게 하나님의 영이 임한 것은 거룩한 전쟁을 대비해 지도력을 구비하도록 하려는 것이었다. 즉 사무엘이 예언한 대로 하나님께서 그와 함께 하신다는 것이었다삼상10:7. 사울이 성령을 받고서 노를 발하는 것을 성령의

---

12. Cf. Arnold, *1 & 2 Samuel*, 166.

사역의 특징이라고 말하기는 어렵다. 하지만 이것도 그가 성령을 받은 표징이된다고 볼 수 있는 것은 삼손이 부당한 것에 대해 노를 발하는 경우와 같기 때문이다삿14:19.[13] 그가 군사를 소집해서 암몬을 물리치는 것은 앞 단락에서 사사들에게 임한 성령의 사역과 동일한 것으로 이해할 수 있다.

3) 하나님의 영의 예언

사울이 왕이 된 후 다윗을 죽이려고 라마 나욧으로 갔을 때, '하나님의 영'이 그에게 임해서 예언하게 되었다삼상19:23. 이는 앞서 그의 사자들에게 성령이임해서 예언한 것과 같은 현상이다삼상19:20. 여기서는 그냥 하나님의 영이 '임하셨다*hāyā*'라고만 했는데, 이는 능력을 발휘하거나 전쟁을 준비하기 위해서 '능력으로 임하시는 것*ṣālaḥ*'과는 다른 것이다. 그렇지만 이 상황에서 사울에게 성령이 임한 것은 특별한 일이다. 왜냐하면 여호와의 영이 이미 사울을 떠났기 때문이다삼상16:14. 즉 하나님께서는 더 이상 사울을 통해 그분의 구원 역사를 이루어가지 않으신다는 것이다. 따라서 지금 사울에게 성령이 임한 데는 특별한 의미가 있다. 다시 말해 성령이 사울과 그의 사자에게 임해서 예언하도록 한 것은사울에게 능력을 주기 위함이 아니라 그가 성령이 함께하는 다윗을 해치는 것을 막고 그를 보호하기 위함이었다.[14]

대부분의 성령의 역사가 하나님께서 지정하신 지도자를 중심으로 나타나는것을 볼 때, 실제로 중요한 것은 성령의 임재를 경험한 사람이 아니라 그 경험을통해 하나님께서 원하시는 일을 이루어 가신다는 것이다.

---

13. R. W. Klein, *1 Samuel*, WBC (Dallas: Word, Incorporated, 1998), 107.
14. David G. Firth, "Is Saul also among the Prophets?: Saul's Prophecy in 1Samuel 19:23," in Presence, *Power and Promise*, 297.

3. 성령과 예언

(1) 사울과 그의 사자들의 예언

사울은 성령의 임재로 말미암아 두 차례 예언을 했다삼상10:10; 19:23. 그런데 그 예언이 무엇이었는지 이해하기가 어렵다. 사울과 그의 사자들이 한 예언을 선지자들처럼 미래를 예언하거나 하나님의 뜻을 전하는 말로 볼 수는 없을 것이다. 그런 예언은 사무엘의 몫이었기 때문이다. 아무튼 그것이 전통적으로 비평학자들이 주장하는 대로 황홀경에서 지절거리는 말이었는지왕상18:29,[15] 사전적 의미로서 선지자처럼 행동한 것이었는지,[16] 아니면 악기를 연주하는 상황에 맞추어 노래를 부르는 것이었는지 확정할 수는 없다. 그러나 분명한 것은 예언이란 하나님의 영의 행위로 말미암은 결과라는 것, 그리고 사울의 행동은 사무엘이 그에게 징조로서 예언한 것의 성취라는 것이다. 그래서 사람들이 그가 이전과는 달리 변화된 사람으로 이해했다는 것이다.

사울이 두 번째 예언한 사건은 앞에서 언급했듯이 부정적인 내용이었다. 그와 그의 사자들이 예언한 것은 하나님의 능력에 의해서 그들의 계획이 저지당하고 그들이 선지자 사무엘의 편에 서 있음을 보여준다. 또한 그가 옷을 벗고 사무엘 앞에서 예언하고 밤낮 온 종일 벌거벗고 누운 것은 일종의 자포자기와 절망적인 상태를 보여준다. 이 부분에서는 다소 황홀경적인 요소가 드러나지만, 분명한 것은 성령이 다윗을 죽이려는 사울의 의도를 꺾고 그를 무능하고 수치스럽게 만듦으로써 성령의 목적을 성취해간다는 것이다.[17]

---

15. Cf. Harrison, *Introduction to the Old Testament*, 753~754.
16. *HALOT*, 659.
17. Firth, "Is Saul also among the Prophets?: Saul's Prophecy in 1Samuel 19:23," 304~305.

(2) 선지자들의 예언

1) 미가야의 예언과 시드기야의 언급

선지자 미가야는 아합을 죽이기 위해서 여호와께서 거짓 영을 통해 선지자들로 하여금 아합을 꾀도록 하시는 것이라고 말했다왕상22:19~23. 그러자 시드기야는 자신의 마음에서 나오는 말을 하면서 마치 자신이 여호와의 영을 받은 자인 것처럼 말한다. "여호와의 영이 나를 떠나 어디로 가서 네게 말씀하시더냐"왕상22:24b. 미가야의 뺨을 친 시드기야의 행위와 그의 말은 어디까지나 아합과 여호사밧 그리고 사백 명의 선지자들을 설득하고 그들에게 확신을 주기 위함이었다. 따라서 시드기야의 분노는 당시 사마리아의 타작마당에 모인 모든 사람들의 공분이라고 할 수 있다.

그러나 시드기야의 말에서 확인되는 진리는 예언은 여호와의 영으로 말미암는다는 것이다. 따라서 서로가 여호와의 영을 의지해 예언한다고 함으로써 자신의 말이 참 예언이라고 주장한 것이다. 하지만 미가야는 개인적인 감정을 드러내지 않고 시드기야에 반응하여 "네가 골방에 들어가서 숨는 바로 그 날에 보리라"고 예언했다. 이 표현이 좀 애매하긴 하지만, 시드기야가 전쟁의 재난을 피해 피난처인 골방에 들어가는 순간에 미가야의 말이 여호와의 영에 의한 예언이었음을 깨닫게 될 것이라는 뜻이다.[18]

아합은 "미가야를 잡아 성주 아몬과 왕자 요아스에게로 끌고 돌아가서 말하기를 왕이 이 놈을 옥에 가두고 내가 평안히 돌아올 때까지 고생의 떡과 고생의 물을 먹이라"고 엄한 명령을 내렸다왕상22:26~27. 아마도 아합은 미가야를 옥에 가둘 때 거짓 선지자에 관한 율법 조항을 나름대로 적용했을 것이다신13:5. 그러나 미가야는 자신의 고난에 개의치 않고 하나님의 말씀의 성취에만 관심을 두

---

18. Hooker, *First and Second Chronicles*, 205.

었다. "왕이 참으로 평안히 돌아오시게 된다면 여호와께서 나를 통하여 말씀하지 아니하셨으리이다 …… 너희 백성들아 다 들을지어다"왕상22:28. 미가야의 외침은 모든 백성이 여호와의 영에 의한 참 말씀을 깨닫고 하나님께만 순종할 것을 요구하는 것이었다.

2) 아사랴의 예언

유다 왕 아사의 개혁은 선지자 아사랴의 충고성 예언에 대한 반응으로 나타났다대하15:8~19. 당시 하나님의 영이 오뎃의 아들 아사랴에게 임했다대하15:1. 선지자 아사랴의 예언에 관해서는 이 본문에서만 들을 수 있다. 그에게 성령이 임한 것hāyā은 선지자의 일을 하게 하시려고 하나님의 계시가 임한 것이라 할 수 있다. 따라서 이러한 성령의 임재는 그의 예언이 하나님의 권위 있는 말씀이라는 증거가 된다. 선지자 아사랴는 아사와 그의 백성을 만난 자리에서 "내 말을 들으라"고 주의를 환기시킨 다음, 단도직입적으로 "너희가 여호와와 함께 하면 여호와께서 너희와 함께 하실지라 너희가 만일 그를 찾으면 그가 너희와 만나게 되시려니와 너희가 만일 그를 버리면 그도 너희를 버리시리라"대하15:2b는 언약적 명제를 선포했다.[19]

아사랴는 언약에서 백성의 임무를 강조했다. 즉 하나님께서 주도적으로 그분의 백성과 언약을 맺으셨지만, 동시에 인간 또한 믿음으로 언약적 임무를 수행해야 한다는 것이었다. 다시 말해 언약의 출발은 일방적이지만 그 진행은 쌍방적이라는 것이다. 이런 언약의 내용은 이미 아사가 세라와의 전쟁에서 경험했으며대하14:11~12, 또한 나중에 이스라엘의 역사에서 성취되었다대하24:20. 한편 아

---

19. 커티스와 맷슨은 앞부분의 명사문을 현재로 번역하는 것은 좋지 않다면서 과거시제로 번역했다. "여호와가 너희와 함께 하신 것은 너희가 그와 함께 했기 때문이다." E. Curtis, and A. Madsen, *A Critical and Exegetical Commentary on the Books of Chronicles*, ICC (Edinburgh: T. & T. Clark, 1910), 384.

사랴 선지자는 언약이 파기된 역사적인 실례를 들면서 언약의 중요성을 강조했다대하15:3~6. 물론 아사랴의 선포가 오늘날 독자들에게는 추상적인 묘사로 여겨질 수도 있지만, 이스라엘의 역사를 알고 있는 처음 독자들에게는 너무나도 구체적인 삶의 경험으로 와 닿았을 것이다.

아사랴는 "그런즉 너희는 강하게 하라 너희의 손이 약하지 않게 하라 너희 행위에는 상급이 있음이라"고 권고했는데대하15:7, 이는 유다와 베냐민이 힘을 내어서 전쟁을 준비하라는 말이 아니었다. 그보다는 문맥상 용기를 내어서 아사의 개혁을 지속적으로 추진하라는 뜻이었다. 그리고 "너희 행위에는 상급이 있음이라"고 한 것은 그들의 공로로 인한 상급을 가리키는 것이 아니다. 오히려 그들이 행하는 개혁조차도 하나님의 은혜로 말미암은 것이다. 즉 아사의 개혁은 하나님의 영을 통해 전달된 하나님의 계시에 의해서 시작된 것이었다.

3) 야하시엘의 예언

유다 왕 여호사밧의 통치 때 암몬과 모압과 마온 사람이 유다를 공격하자 여호사밧이 온 회중을 모으고 함께 기도했다. 그때 레위 사람 야하시엘에게 여호와의 영이 임하여*hāyā* 회중 가운데서 하나님의 말씀을 대언했다대하20:14~15a. 그는 다윗 시대에 성막에서 음악을 관장한 아삽의 자손에 속한 자였는데, 제사장으로 보이지만 선지자의 역할을 하면서 "온 유다와 예루살렘 주민과 여호사밧 왕"을 향하여 여호와의 말씀을 전했다. 그가 두려움에 가득 찬 왕과 백성에게 "너희는 이 큰 무리로 말미암아 두려워하거나 놀라지 말라"고 했는데, 이는 신명기의 전쟁 규칙을 적용한 것이었다. "이스라엘아 들으라 너희가 오늘 너희의 대적과 싸우려고 나아왔으니 마음에 겁내지 말며 두려워하지 말며 떨지 말며 그들로 말미암아 놀라지 말라"신20:3~4. 그들이 두려워할 필요가 없는 이유는 "이 전쟁은 너희에게 속한 것이 아니요 하나님께 속한 것이기" 때문이었다대하20:15b.

야하시엘은 유다 백성을 안심시키는 데 그치지 않고 구원을 확인하기 위한 행동을 하도록 지시했다. 즉 적군이 시스 고개로 올라올 때 여루엘 들 앞에서 그들을 만날 것이지만 싸우지는 말고 대열을 이루어서 여호와의 구원을 보라고 했다대하20:16~17a. 그들이 할 일은 가만히 있는 것이었다. 유다 백성은 이런 명령만이 아니라 위로의 약속도 함께 받았다. "대열을 이루고 서서 너희와 함께 한 여호와가 구원하는 것을 보라 유다와 예루살렘아 너희는 두려워하지 말며 놀라지 말고 내일 그들을 맞서 나가라 여호와가 너희와 함께 하리라"대하20:17b. 선지자의 예언대로 적들이 자기들끼리 싸움으로써 유다는 대승을 거두었다대하20:23. 이 같은 엄청난 역사는 야하시엘의 예언에 따른 것이었으며, 그 예언은 하나님의 영으로 선포된 하나님의 말씀이었다. 여기서 성령은 백성이 구한 기도의 응답으로 하나님의 계획과 뜻을 알리는 역할을 했다.

4) 스가랴의 예언

제사장 여호야다가 죽자 요아스는 불경건한 신하의 말을 듣고 우상을 섬김으로써 하나님의 진노를 샀다. 그런데 그는 선지자의 경고를 듣고도 돌이키지 않았다대하24:19. 이에 하나님의 영이 제사장 여호야다의 아들 스가랴를 감동시키셨다대하24:20a. 이때 사용된 동사 '덮었다*lāb̠ᵉšā*'는 기드온에게 성령이 임할 때 사용되었던 것과 같은 단어이다. 스가랴는 제사장의 아들로서 제사장이었지만, 성령의 임재로 말미암아 선지자의 역할을 하게 되었다. 그는 백성 앞에 높이 서서 이렇게 선포했다. "너희가 어찌하여 여호와의 명령을 거역하며 스스로 형통하지 못하게 하느냐 하셨나니 너희가 여호와를 버렸으므로 여호와께서도 너희를 버리셨느니라"대하24:20a. 그러나 왕명에 따라 그는 성전 뜰에서 돌에 맞아 죽었다. 스가랴에게 역사한 성령은 그로 하여금 선지자의 사역을 감당하게 함으로써 하나님의 말씀을 대언하도록 했다. 본문이 강조하는 것은 요아스가 성령의 감동으로 선포된 하나님의 진리의 말씀을 거역하고 죄를 지었다는 것이다.

4. 성령과 직분

앞에서 살펴보았듯이 역사서에서의 성령의 사역은 대부분 직분과 관련이 있었다. 옷니엘과 기드온, 입다와 삼손에게 임하고 역사하신 성령도 직분을 수행하기 위한 것으로 한정되었다. 이는 기드온이 사사의 직분을 성공적으로 수행한 후에 실수하는 그의 모습에서도 잘 나타난다. 입다와 삼손에게 성령이 임한 것도 그들의 인격을 성숙시키려는 것이 아니라 그들로 하여금 사사의 직분을 수행하게 하려는 것이었다. 따라서 칼빈도 기드온의 경우를 예로 들면서, 곧 "여호와의 영이 백성을 다스리도록 그가 정하신 이들을 사로잡았다."라고 하면서 성령의 사역을 직분에 한정시켰다.[20] 특히 사사직은 세습되는 것도 아니고 선지자나 왕과 같이 공식적인 의식을 통해 옹립되는 것도 아니다. 다만 성령의 임재를 통해 영적인 카리스마를 보여줌으로써 그 직분을 확인할 수 있는 것이다.

성령이 사울에게 능력으로 임하여삼상11:6 군사를 모집하고 암몬을 물리치게 한 것도 직분의 수행과 관계가 있다. 사울에 대한 사무엘의 예언도 같은 맥락에서 이해할 수 있다. "네게는 여호와의 영이 크게 임하리니 너도 그들과 함께 예언을 하고 변하여 새 사람이 되리라"삼상10:6. 여기서 한글성경개역, 개역개정이 '새 사람'이라고 번역한 것은 사울이 거듭난 사람이 될 것 같은 해석상의 오해의 여지를 준다. 하지만 이는 잘못된 번역이다. 여기서 '새'라고 번역된 단어 'aḥēr'는 '다른'으로 번역하는 것이 맞다. 칼빈도 이를 '다른 사람un autre homme'이라고

---

20. Jean Calvin, *L'institution de la religion Chrétienne* II (Genève: Labor et fides, 1955), 39.

번역했다.[21]

한편 사울에게 여호와의 영이 임할 것이라는 예언도 그의 직분과 관련된다. 즉 사울이 범인凡人으로 살아왔으나 성령이 임함으로써 이스라엘의 왕이라는 직분을 수행하게 될 것이라는 말이다. 실제로 그는 블레셋의 지배로 절망에 빠진 이스라엘을 구하고 백성에게 희망을 안겨주었다. 그러나 하나님의 영이 그에게서 떠나자 그는 국정운영의 능력을 상실하게 된다삼상16:14.[22] 이런 사울과는 대조적으로 다윗에게 여호와의 영이 능력으로 임한 것ṣālaḥ은 하나님 편에서 다윗을 이스라엘의 왕으로 인정함과 동시에 앞으로 왕의 직분을 수행할 수 있는 재능을 그에게 부여한다는 의미가 있다.

선지자들이 예언하는 경우에 임하는 성령의 사역은 분명하게 선지자의 직무에 한정된다. 이에 반해 사울의 예언은 선지자의 직분을 수행하는 것이 아니라, 성령의 사역으로 그가 다른 신분을 가진 사람이라는 것긍정적인 면과 다윗의 직분을 보호하는 하나님의 계획이라는 것부정적인 면을 보여준다. 그리고 아사랴의 선포를 통한 아사의 개혁과 야하시엘의 예언을 통한 여호사밧의 승리, 받아들여지지 않은 스가랴의 예언도 모두 성령의 활동에 의한 것으로서 그들의 직분과 직접 결부된 것이다. 미가야와 시드기야의 논쟁도 참 예언을 결정짓는 것이 여호와의 영의 활동이라는 것을 말해준다. 이 모든 것은 예언이 성령의 감동으로 되었다는 신약의 증거를 확증한다벧후1:20.

21. Jean Calvin, *L'institution de la religion Chrétienne* II, 39.
22. 신득일, "구약의 '성령충만과 임재'에 대한 칼빈의 이해," 『개혁주의 신학과 신앙 총서4』, (부산: 개혁주의학술원, 2010), 13~36.

5. 연속성과 불연속성

구약 역사서에서 보여주는 성령의 임재와 사역은 매우 특별한 것이었음을 알 수 있다. 즉 그것은 새 언약시대에 누리는 성령의 사역과는 차이가 있다는 것이다. 그러면 구체적으로 구약 역사서에 나타난 성령의 임재 및 사역의 성격과 오순절 이후 계시가 완성된 뒤의 성령의 사역 간에는 어떠한 동일성과 차이점이 있을까?

무엇보다도 구약 역사서에서는 신약에서 사용하는 용어를 사용하지 않기 때문에 그 항목을 분류하기도 애매하다.[23] 그럼에도 다음과 같이 가장 뚜렷한 성령의 다섯 가지 사역을 먼저 생각해볼 수 있다. 첫째, 성령의 내주함이다. 신약에서는 모든 성도가 성령이 내주한다는 약속을 받았다. 그러나 구약 역사서에서는 옛 언약의 성도들에게 여호와의 영이 내주한다고 말하지 않는다. 다만 성막과 성전에 임재하시는 하나님을 중심으로 언약 가운데 머물 때 신약적 의미에서 그들에게 성령이 내주한다고 말할 수 있다. 레온 우드는 주석적인 결론으로서가 아니라 신학적인 유추에 의해서 "아무튼 성령께서는 내주하심을 통해서 신약의 성도를 지키시기에 그분께서 구약의 성도들 역시 동일한 방법으로 지키셨다고 믿는 것이 합리적으로 보인다."라고 말했다.[24] 그러나 역사서는 성령의 임재를 특정한 직분자에게 한정시킨다.

둘째, 성령의 인침이다. 신약의 성도들에게 성령의 영원한 내주함을 의미하는 인침고후1:22; 엡1:13; 4:30이 구약의 성도들에게도 있었다고 말하기는 어렵다. 즉 연속성을 주장하기는 어렵다. 왜냐하면 역사서에는 '인침'이란 개념도 없고,

---

23. 이 부분에 대해서는 해밀턴이 상세하게 정리해 놓았다. J. M. Hamilton, Jr., *God's Indwelling Presence: The Holy Spirit in the Old & New Testaments* (Nashville, TN: B&H Academic, 2006), 9~25.
24. 레온 J. 우드, 『구약성경의 성령론』, 90.

또 거기서 말하는 영원한 언약은 개인적인 구원에 대한 보장이 아니라 메시아의 통치를 통한 온 인류의 구원과 관련되기 때문이다. 셋째, 성령 충만이다. 구약 역사서에는 성령 충만이란 말이 없다. 그 대신 '여호와의 영이 권능으로 임하다'라고 했을 때, 그것은 직분과 관련되는 특별한 경우일 뿐 성령 충만을 통한 성화나 복음전파와는 무관하다. 넷째, 성령 세례이다. 이는 옛 언약시대에 속한 백성에게 약속되지 않은 것으로서, 오순절 이후의 성도들에게 약속된 새로운 개념의 풍성한 복이다.

다섯째, 중생이다. 구약 시대에도 중생이 있었겠지만, 그런 개념을 표현하지는 않았다. 그보다 역사서에서 라합이나 룻은 장성해서 중생의 체험을 했다고 봐야 할 것이다. 왜냐하면 타락한 인간이 스스로 진리를 발견할 수는 없기 때문이다. 그러나 역사서는 물론 구약 전체에서도 중생이라는 표현은 보류하고 있다. 그래서 바리새인의 지도자인 니고데모는 예수님께 "사람이 늙으면 어떻게 날 수 있사옵니까?"라고 물었던 것이다요3:4a.

이상의 다섯 가지를 중심으로 성령의 사역을 살펴볼 때, 내주함과 인침, 성령 충만, 중생은 부분적으로나 선택적으로 어느 정도 연속성이 있다고 할 수 있다. 그러나 성령 세례만큼은 불연속적인 것이라고 할 수 있다. 옛 언약시대에는 선별적으로 또는 부분적으로 역사하던 성령이 오순절 이후로는 보편적으로 그리고 더 풍성하게 역사하신다.

6. 나가면서

구약 역사서에서의 성령의 임재와 사역은 선택적이었다. 구약 역사서에서의 성령은 새 언약시대에 비해 아주 제한적으로 활동하셨지만, 매번 하나님의 백성이 아주 절박한 상황에 처했을 때 역사하셨다. 그것도 직분자를 통해서 이루어졌다. 그래서 역사서에서의 성령은 직분자에게 제한되었다고 말할 수 있다. 하나님께서는 그분의 영을 통해 사사와 선지자 그리고 왕을 세우셔서 그들의 직분이 공적으로 인정받게 하셨고, 나아가 그들이 사명을 잘 수행하도록 자질을 부여하셨다. 성령을 받은 직분자들은 그들의 직분을 수행함으로써 하나님의 백성을 구원하는 한편 하나님의 뜻을 전달했다. 이런 성령의 임재와 역사는 구원을 이루어 가시는 하나님의 자비를 보여주기 위한 특별한 사역으로 나타났다.

제5장

하나님 나라

1. 들어가면서

클라인Günter Klein은 하나님 나라가 성경의 중심개념이라고 주장했다.[1] 물론 이 주장의 정당성을 따지는 데는 많은 토론이 필요하겠지만, 그럼에도 하나님 나라가 성경 전체의 중요한 주제가 되는 것은 분명한 사실이다. 물론 구약에는 '하나님 나라'라는 표현이 없다. 그러나 그 용어가 없다고 해서 구약에 하나님 나라의 개념이 없다거나 그 사상이 미미한 것은 아니다. 그것은 역사서에서도 마찬가지다. 하나님 나라의 개념은 '나라'와 '왕' 그리고 '통치'라는 표현으로 방대한 역사서 전체를 관통하고 있다고 할 수 있다.

먼저 여호수아서가 하나님 나라의 공간적 기초를 마련하는 과정을 보여준다면, 사사기는 (각 지파의 실효적 지배로 인한) 그 나라의 점진적 확장과 왕의 부재에 따른 고통을 묘사하며, 룻기는 왕이 오신다는 메시지를 준다. 사무엘서는 왕이 오는 과정과 통치를 보여주는가 하면, 열왕기는 인간 왕의 통치의 특징을 설명한다. 그리고 에스라서와 느헤미야서는 하나님 나라의 회복을 보여주고, 에스더서는 그 나라의 보존을 극적으로 묘사한다.

그런데 만일 역사서에서 하나님 나라에 관해 한두 차례 설교를 하려고 한다면, 이 모든 책을 그 관점에서 개관하기보다는 역사서에 나타난 하나님 나라의 특징에 따라 분류한 몇 가지 주제를 중심으로 설명하는 것이 효과적일 것이다. 그래서 이 장에서는 역사서 전반에 나타난 하나님 나라의 개념과 기원, 체제, 성격, 기초에 관해서 고찰할 것이다.

---

1. Günter Klein, "'Reich Gottes' als biblischer Zentralbegriff," *Evangelische Theologie*, 30 no 12 Dec (1970), 642~670.

2. 하나님 나라의 개념

일반적으로 하나님 나라는 하나님의 통치로 이해한다. 물론 역사서에서 여호와께서 왕이시라는 언급은 딱 한 구절밖에 없다. "여호와가 왕이시라"삼상12:12. 그러나 하나님께서 왕으로서 그분의 나라를 통치하신다는 것은 역사서 전반을 통해서 받아들여지는 일반적인 개념이다. 그럼에도 불구하고 구약 역사서에는 '하나님 나라'란 표현이 나오지 않는다. 그 대신에 '여호와의 나라'란 말이 역대기에만 나온다대상28:5; 대하13:8.

'나라malkût'라고 할 때, 이 말 자체는 '통치권' 또는 '영역'을 의미한다.[2] 역사서에서 그 실례를 든다면, 전자는 다윗이 합법적인 권위를 가지고 나라를 사울에게서 받았을 때 사용되었고대상12:23, 후자는 고레스의 조서가 영향을 미치는 영역으로서 제국 전체에 적용되었다대하36:22. 그래서 두 언어가 조합된 '여호와의 나라'란 용어는 자연스럽게 여호와의 통치가 이루어지는 영역 또는 나라를 의미하게 된다.

그렇지만 구약에 사용된 '여호와의 나라'라는 개념은 신약에서 예수님께서 선포하신 '하나님 나라'라는 개념으로 바로 대체할 수는 없다. '여호와의 나라'가 아니라 '하나님 나라'라는 똑같은 말을 썼다고 할지라도, 계시가 완전히 드러나지 않는 상태의 개념과 새로운 시대의 계시가 상당히 나타난 상태의 개념이 다를 수밖에 없기 때문이다.

이 글에서 관심을 가지는 것은, 단순히 하나님께서 통치하신다는 광의적인 하나님 나라의 개념이 아니라 협의적인 의미에서 역사서가 하나님 나라를 어떻게 규정하는가이다. 이때 역사서 본문에서 의미하는 '여호와의 나라'는 좀 더

---

2. *HALOT*, 592.

특정한 의미를 가짐을 알 수 있다. 이는 그것의 문맥 속에서 구체적으로 드러난다. 예를 들어, 다윗은 "여호와께서 …… 내 아들 솔로몬을 택하사 여호와의 나라 왕위에 앉혀 이스라엘을 다스리게 하려 하실새"라고 말했는데대상28:5, 여기서는 '이스라엘'과 '여호와의 나라 왕위'가 동격으로 쓰였다. 즉 솔로몬이 이스라엘의 왕으로 즉위하는 것이 바로 여호와의 나라 왕위에 앉는 것이라는 뜻이다. 여기서 여호와의 나라는 땅위의 나라인 이스라엘을 가리킨다. 하나님께서는 솔로몬을 통해 그분의 통치를 이루기를 원하신다. 즉 신정정치를 의미하는 것이다. 솔로몬은 하나님을 대신해서 보좌에 앉는 것이다. 이런 점에서 "세상의 왕위가 또한 여호와의 왕위다."[3]

'여호와의 나라'에 대한 또 다른 언급은 아비야가 북이스라엘과 대치하는 상황에서 스마라임 산에서 '산상설교'를 한 것에서 나타난다. "이제 너희가 또 다윗 자손의 손으로 다스리는 여호와의 나라를 대적하려 하는도다"대하13:8a. 아비야는 자신이 통치하는 유다를 '여호와의 나라'라고 표현했다. 이 말은 '여호와께서 다윗의 자손을 통하여 통치하시는 나라'라는 뜻이다.[4] 그는 '여호와의 나라'를 대적한다고 말함으로써 여로보암과 이스라엘을 여호와를 대적하는 악한 세력으로 규정했다.[5] 이는 여로보암과 그의 군대에게는 치명적인 말이었을 텐데, 아비야는 여로보암이 훨씬 강한 군사력을 동원한 것을 두고 그것이 여호와의 나라를 대적하는 보다 심각한 죄를 짓는 것이라고 부각시켰다.

이 두 구절에 나타난 '여호와의 나라'는 각각 통일왕국 이스라엘과 유다를 가리킨다. 그 나라의 공통점은 하나님께서 선택하시고 통치권을 위임한 다윗

---

3. Klein, *1 Chronicles*, 522.
4. *bᵉyaḏ bᵉnē ḏāwiḏ*에서 개역개정판이 '손으로'로 번역한 *bᵉyaḏ*는 전치사 be를 강조하기 위한 것이지 실제로 '손'이란 의미는 없다(출9:35; 레10:11). *HALOT*, 388.
5. '강하다'를 의미하는 상태 동사 '하작(*ḥāzaq*)'이 히트파엘형으로서 '~앞에'라는 뜻을 가진 전치사 '리프네(*lifnē*)'와 결합하여 '스스로 대적하다'란 의미가 된다. *HALOT*, 304.

과 그의 왕조가 다스린다는 것이다. 즉 그 왕조를 통해서 여호와께서 통치하신다는 것이다. 이것이 역사서가 '여호와의 나라'라는 표현을 사용할 때 내포했던 하나님 나라의 개념이다.

3. 하나님 나라의 기원

예수님께서 처음으로 선포하신 말씀은 "때가 찼고 하나님의 나라가 가까웠으니 회개하고 복음을 믿으라"였는데막1:15, 이는 "정한 때가 찼을 때 하나님 나라가 역사 속으로 들어왔다."라는 것을 의미한다.[6] 물론 그렇다고 해서 예수님의 선포로 하나님의 주권적인 통치가 비로소 시작되었다는 의미는 아니다.[7] 사실 예수님께서는 이미 존재하던 하나님의 통치를 선포하신 것이었다. "좋은 소식을 전하며 평화를 공포하며 복된 좋은 소식을 가져오며 구원을 공포하며 시온을 향하여 이르기를 네 하나님이 통치하신다 하는 자의 산을 넘는 발이 어찌 그리 아름다운가"사52:7. 이는 없었던 것이 새로 생기는 것이 아니라 이미 존재하던 하나님 나라가 때가 되어 구현됨을 뜻한다. 즉 구약에서부터 하나님 나라의 잠정적인 형태와 개념이 존재했음을 전제 또는 암시하고 있는 것이다.

하나님 나라의 개념은 역사서에서 비로소 나타나는 것이 아니다. 하나님께서 통치하신다는 개념은 이미 오경에서부터 나타난다. 그런데 하나님 나라 또는 여호와의 나라의 기원에 관해 말할 때 학자들은 종종 왕이나 그 나라의 개념이 이스라엘 신앙의 독특한 요소를 구성하는 것이 아니라고 생각한다. 오히려 그들

---

6. Robert A. Guelich, *Mark 1-8:26*, vol. 34A, WBC (Dallas: Word, Incorporated, 1998), 44.
7. 브룩스는 βασιλεία에 대한 번역으로 '통치'가 가장 좋을 것이라고 주장한다. James A. Brooks, *Mark*, NAC (Nashville: Broadman & Holman Publishers, 1991), 47.

은 고대근동에 왕적인 신에 대한 개념이 널리 퍼졌다는 점을 고려하여 가나안의 영향을 받아서 이스라엘에 하나님 나라의 개념이 들어왔다고 주장한다.[8] 물론 이스라엘이 왕을 필요로 한 동기는 이방나라와 같이 되는 것이었다삿8:22; 삼상8:20. 그러나 왕에 대한 이스라엘의 이해가 성경이 이스라엘의 왕에 대해서 말하는 바른 개념은 아니다. 하나님께서는 이스라엘에 왕이 있기 전부터 그들을 통치하는 왕으로 계셨다삿8:23; 삼상8:7.

클라인Kline은 창조행위를 하나님께서 왕으로서 그분의 왕국을 건설하신 것으로 보았다. 하나님께서 인간을 창조하신 것도 그들을 피조세계의 왕으로, 곧 하나님의 봉신 왕으로 세우신 것이라고 했다. 에덴동산도 그분의 성소왕국이자 다시 회복될 왕국이라고 주장했다.[9] 이렇듯 클라인은 하나님 나라의 관점에서 창세기의 초반부를 설명하려고 시도함으로써 창조기사의 해석에 또 하나의 국면을 제공했다. 그는 창조기사를 해석할 때 고대근동사상의 유추와 상징을 그의 해석적 도구로 사용했다. 왜냐하면 창조기사에는 '왕'이나 '통치' 또는 '나라'라는 말이 언급되지 않았기 때문이다.

오경은 여호와의 왕적인 통치와 관련해 네 개의 구절을 제공한다출15:18; 19:6; 민23:31; 신33:5. 모세와 이스라엘은 홍해를 건넌 후 "여호와께서 영원무궁하도록 다스리시도다"출15:18라고 노래했다. 이는 하나님께서 기적을 베푸신 이후부터 다스리게 된 것이 아니라 처음부터 통치자로 계셨음을 의미한다. 한편 이스라엘에 '나라'라는 단어가 처음 적용된 것은 이스라엘이 시내광야에 있을 때였다. "너희가 내게 대하여 제사장 나라가 되며 거룩한 백성이 되리라"출19:6a. 여기에 사용된 '제사장 나라'라는 표현은 여호와 하나님과 이스라엘의 관계를 정의할 뿐만 아니라 그 나라의 역할까지 규정한다. 나머지 두 개의 본문은 발람의 예언

8. Martin J. Selman, The Kingdom of God in the Old Testament, *Tyndale Bulletin* 40 (1989) 162.
9. 메리데스 클라인, 『하나님 나라의 서막』, 김구원 역 (서울: CLC, 2007), 47~96.

가운데 하나님을 왕으로 부르는 것민23:31과 모세의 축복에 묘사된 "그가 여수룬에서 왕이셨다"신33:5, KJV라는 내용이다. 이처럼 하나님 나라에 대한 개념은 오경에서부터 명시적으로 드러난다.

비록 하나님 나라의 기원을 역사서에서 찾을 수는 없겠지만, 그 나라의 구체적인 모습은 역사서에서도 충분히 드러난다. 예를 들어, 기드온이 미디안 족속을 물리치자 이스라엘 백성은 기드온에게 왕관과 왕조를 제시했는데, 그때 기드온은 "여호와께서 너희를 다스리시리라"삿8:23고 했다. 이때 기드온이 정말 왕위에 관심이 없었는지는 모르지만, 일단 그가 하나님을 왕으로 인정했던 것은 분명하다. 또한 왕을 요구하는 이스라엘을 향해서 사무엘은 여호와께서 그들의 왕이 되신다고 전했다삼상8:7; 12:12. 이로 보건대 당시 사사기와 사무엘서의 본문에서는 이스라엘 사람들에게 하나님께서 왕이 되신다는 것에 대한 의식이 결여되어 있었을 뿐 아니라, 나아가 그들에게 중앙집권적인 왕이 없어서 그들이 고통을 당하는 것이라고 생각했던 것 같다. 그렇기 때문에 그들은 스스로 이방나라와 같이 되기를 구했던 것이다삼상8:20.

하나님께서는 내키지 않으셨지만 백성의 요구를 들어주셨고, 그분의 왕권을 사울에게 이양하심으로써 나라를 이루도록 하셨다삼상13:13 참고. 그러나 사울이 통치하는 나라에서 하나님의 통치원리가 잘 이루어지지 않자, 하나님께서는 곧바로 그 나라를 다윗에게로 넘기셨다삼상15:28; 삼하5:12. 구약 역사서는 여호와의 왕권이 언제 시작되었는지에 관해 말해주지 않는다. 그보다 역사서는 이스라엘의 왕권을 통해 하나님의 통치가 땅위에서 어떻게 구체적으로 시작되었는지를 말해준다. 여기서 하나님의 통치는 다윗 왕가를 통해서 이루어지는 신정정치theocracy를 말한다.[10]

---

10. 한글로 '신정(神政)'이란 말은 신의 대변자인 사제가 지배권을 가지고 국민을 통치하는 정치형태라고 정의한다. 이것은 제사장과 선지자와 왕으로 이루어진 성경의 체제와는 성격이 다르다.

4. 하나님 나라의 체제

역사서에 나타난 하나님 나라를 신정정치라고 말할 수 있는데, 이런 점에서 하나님의 통치를 구현하는 체제가 무엇인지를 살펴보는 것이 중요하다. 일단 여기서 드러나는 것은 두 가지로 볼 수 있다. 그것은 직분과 제의이다. 직분은 구약에서 기름부음 받은 자인 제사장, 선지자 그리고 왕의 직분을 의미하고, 제의는 제의도구와 장소가 되는 언약궤와 성막 그리고 성전을 의미한다.

(1) 직분 설립을 통한 하나님 나라 건설

하나님께서는 시대마다 이스라엘 공동체를 이끌어갈 지도자를 세우셨다. 오경에서는 모세가 그 중심인물이 되었지만, 역사서에서는 직분의 역할들이 더 분명해졌다. 먼저 사사시대에서는 사사들을 통해 하나님께서 이스라엘을 통치하심을 보여주었고, 왕국시대로 접어들면서는 세 가지 직분이 보다 견고하게 되었다. 그들은 모두 기름부음을 받은 지도자들이었다. 하나님께서는 왕국시대의 전야에 제사장직을 개혁하셨고, 사무엘을 선지자로 부르셨으며, 왕이 오는 길을 여셨다.

1) 개혁

하나님께서는 왕을 세우기 전에 선지자를 부르시고 타락한 제사장 직분을 개혁하셔야 했다. 그래서 사무엘서는 사무엘의 탄생과 함께 엘리 집안에 대한 심판으로 시작한다. 홉니와 비느하스는 불량자 b'liyyal, 벨리알로서 여호와를 몰랐다삼상2:12. 여기서 '벨리알'이란 적그리스도의 이름으로서 그들이 얼마나 직분에 불충한 자였는지를 말해준다고후6:15. 그들은 여호와의 제사를 멸시하는 한편 가나안 종교의 관행을 행함으로써 하나님의 심판을 자초했다삼상2:17,22.[11] 하나님께서는 직분에 불충한 제사장들에 대한 심판에 관해 두 차례 말씀하셨다삼상2:34; 3:11~14. 타락한 제사장은 백성의 구원을 위태롭게 할 뿐만 아니라 신정왕국의 건설에 걸림돌이 될 뿐이었다. 그래서 하나님께서는 그들을 제거하셨다삼상4:11,18. 이는 여호와의 나라를 건설하기 위한 준비 작업으로 볼 수 있다. 왜냐하면 제사장의 직분을 수행함으로써 이상적인 신정정치를 이룰 수 있기 때문이다.

2) 선지자직의 수립

하나님의 통치권이 이양된 신정왕국의 왕은 이웃의 고대근동 국가들과 같이 신들의 이름을 빌어서 자신의 권력을 정당화하거나 그것을 행사해서는 안되었다. 왕이 왕의 규례에 규정된 대로 여호와를 경외하고 율법을 지키는 왕으로서 하나님의 뜻을 펼치기 위해서는 선지자의 직분이 필요했다신17:19~20. 사사시대에는 백성이 순종하지 않았기 때문에 하나님의 말씀이 희귀했다삼상3:1. 그래서 하나님께서는 특별한 의지를 가지고 사무엘을 선지자로 부르심으로써 새로운 시대를 예고하셨다삼상3:3~10. 따라서 사무엘의 선지자 직분은 혼란과 격동의 시대인 사사시대를 청산하고 찬란한 왕국시대를 여는 초석이 된다. 선지자가 전하는 하나님의 말씀을 통해 왕은 자신의 직분을 충실하게 수행하며 하나님의 공의를 따라 다스릴 것이다. 또한 백성들은 선지자의 입에서 나오는 말씀의 풍요를 누릴 것이다.

하나님께서는 타락한 그분의 백성을 건지시려고 사무엘을 부르심으로써 먼저 말씀의 권위를 세우셨다. 이렇듯 하나님께서는 이스라엘에 새로운 미래를 여실 때 선지자를 세우심으로써 말씀을 회복시키시고 왕이 오는 길을 예비하셨

---

11. Robert D. Bergen, *1, 2 Samuel*, vol. 7, NAC (Nashville: Broadman & Holman Publishers, 1996), 81.

다. 따라서 왕들은 선지자의 선포에 귀를 기울이고, 그 선포되는 말씀에 근거해서 이스라엘을 하나님께서 통치하시는 나라로 다스려야 했다.

3) 왕직의 수행

신정왕국의 왕은 하나님의 말씀, 즉 율법을 따라 다스림으로써 하나님 나라를 구현해야 했다. 그러나 사울은 하나님의 통치를 보여주지 못했기 때문에 버림을 받았다삼상15:26. 반면에 하나님의 마음에 합한 다윗은 왕이 되어 신정왕국의 모습을 드러내었다삼상16:13; 왕상14:8; 대상28:5. 때문에 하나님께서는 다윗을 선택하시고 그에게 영원한 보좌를 약속하셨다. "네 집과 네 나라가 내 앞에서 영원히 보전되고 네 왕위가 영원히 견고하리라"삼하7:16.[12] 이 약속은 선지자들을 통해서 계속 전수되었다사9:7; 렘33:15. 또한 다윗은 하나님의 통치를 보여주는 왕으로 제시되었다. 그래서 그는 신정왕국의 이상적인 왕의 표준으로서 다른 왕을 평가하는 기준이 되었다왕상14:8; 왕하14:3; 16:2.

이스라엘과 유다의 역대 왕들이 실패하고 하나님의 심판을 초래한 것은, 그들이 하나님께서 다윗을 통하여 이루실 공의로운 나라를 이루는 데 실패했기 때문이다. 구약 역사서는 하나님 나라의 건설의 토대를 다윗 왕조에 두고 또 그 왕조의 회복을 통해 하나님의 통치를 구현하고자 한다. 왜냐하면 왕들의 실패와 나라의 패망이 지상의 하나님 나라의 끝이라고 말하지 않기 때문이다.

(2) 제의기구와 시설

1) 언약궤

이스라엘은 형상숭배를 하지 않음에도 불구하고 하나님을 섬기기 위한 제의

---

12. 이 본문에 대해서는 제2장에 상세한 설명이 나와 있다.

기구로서 언약궤는 이스라엘의 종교와 역사에 중요한 역할을 했다. 무엇보다 언약궤는 하나님의 특별한 임재를 상징하는 제의기구이자 하나님의 속성을 계시하는 도구로 제시되었다.[13] 뿐만 아니라 언약궤는 이스라엘이란 나라를 이루는 과정에서 매우 중요한 제의기구로 사용되었다수3:11~13; 6:8 등. 때로는 이스라엘이 언약궤를 오용하기도 했지만삼상4:3~5, 그럼에도 언약궤는 언제나 하나님께서 그분의 백성과 함께하시며 언약에 신실하신 분임을 상징했다.

특히 이스라엘이 신정국가라는 것은 다윗이 수도를 예루살렘으로 옮기고 첫 국책사업으로 언약궤를 예루살렘으로 옮기는 역사적인 사건을 행한 것에서 잘 나타났다.[14] 이는 비록 다윗이 이스라엘의 왕으로 있었지만, 실제로는 여호와께서 다윗과 이스라엘 백성의 참된 왕으로서 통치하신다는 것을 뜻했다. 이렇게 다윗이 언약궤를 옮김으로써 하나님의 통치를 보여준 것은 이와 관련된 역사를 회상하는 시편에서도 잘 나타난다시132편. 하나님께서는 시온에서 그 백성을 풍족하게 돌보실 것이다시132:15. 그곳이 하나님께서 세상과 우주를 통치하시는 센터가 되는 것도 언약궤가 예루살렘으로 옮겨진 사건에서 시작된다시110:2. 이런 점에서 언약궤는 하나님의 발판으로서 하늘에 보좌를 두신 그분께서 우주의 왕이 되신다는 것을 상징적으로 나타낸다고 하겠다대상28:2.

2) 성막

하나님께서 그분의 백성과 함께하시고 그들을 만나기 위해서 마련하신 은혜로운 장치가 바로 성막이다. 성막은 언약궤와 그 기능이 겹치지만, 분명 고대 이스라엘에서 제의의 중심이 되었다. 가나안을 정복한 이후 이스라엘은 성막을 실로에 두었다. 하지만 성막의 제사장들이 타락함으로 말미암아 성막을 중심으로

---

13. Shin, *The Ark of Yahweh in Redemptive History*, 127~132.
14. Shin, *The Ark of Yahweh in Redemptive History*, 94~97.

한 하나님의 통치가 잘 드러나지 못했다. 결국 직분에 불충한 제사장에 대한 심판으로 실로는 황폐해지고 아무런 의미가 없는 장소가 되었다시78:60~64. 때문에 성막은 놉 땅으로 옮겨지고삼상21장, 그 후에는 기브온으로 옮겨진 것으로 보인다왕상3:4.[15] 성막은 언약궤와는 달리 성전이 건축된 이후에는 아무런 의미가 없는 것이 되었다. 왜냐하면 성막의 기능은 성전의 역할로 대체되었기 때문이다.

3) 성전

언약궤 및 성막과 마찬가지로 성전도 하나님의 임재를 상징한다. 특히 성전은 하나님의 집이라고도 불린다. 한편 하나님 나라와 관련해서 솔로몬 성전에 관해 말해보자면, 먼저 성전은 쌍방적인 의미를 가진다. 성전은 솔로몬의 통치를 정당화하는 동시에 하나님의 통치를 확인시켜준다. 또한 성전은 신정정치를 가장 잘 보여줄 뿐만 아니라 이스라엘이 어떤 성격을 지닌 나라인지와 그 백성의 정체성이 무엇인지를 잘 알려준다. 즉 이스라엘은 하나님께서 통치하시는 나라이며 그 백성은 하나님의 백성이라는 것이다.

성전은 하나님의 처소로서 세상의 중심axis mundi이기도 하다. 성전에 거하시는 하나님의 통치를 받음으로써 죄로 말미암아 낙원을 잃어버린 인간은 땅 위에서 낙원의 삶을 맛볼 수 있게 된다.[16] 그것은 곧 성전을 중심으로 한 예배중심의 삶이다. 이런 삶 가운데서 인간은 진정한 회복과 안식을 얻을 수 있다. 이것이야말로 하나님 나라의 특징을 보여주는 것이다. 성전이 하나님의 영원한 거처가 된다는 것은 성도가 하나님의 임재 가운데 거하며 그분의 통치를 받으며 사는 것이 얼마나 중요한가를 보여준다.

---

15. Shin, *The Ark of Yahweh in Redemptive History*, 99.
16. H. M. Ohmann, *Kronieken van het koninkrijk* (Bedum: Scholma, 1991), 26.

5. 하나님 나라의 성격

신약에서는 하나님 나라의 특징이나 성격이 분명하게 규정된다. "하나님의 나라는 먹는 것과 마시는 것이 아니요 오직 성령 안에 있는 의와 평강과 희락이라"롬14:17. 그러나 구약 역사서에서는 하나님의 나라에 관해 어떤 것도 언급되지 않는다. 그럼에도 불구하고 그 나라가 하나님께서 통치하시는 영역이라고 한다면, 그 나라는 무엇보다 하나님의 속성이 잘 반영된 나라를 의미할 것이다. 즉 하나님께서 공의로운 분이시기 때문에 그 나라도 공의가 지배하는 나라일 것이고, 하나님께서 선하신 분이시기 때문에 그 나라도 자비와 긍휼이 넘치는 나라일 것이다.

(1) 공의가 지배하는 나라

하나님께서 의로우시다는 것은 그분께서 옳고, 또한 그분께서 행하시는 모든 것이 항상 옳다는 것을 의미한다.[17] 하나님께서는 바른 분이시기 때문에 그 나라는 항상 공정하고 억울한 사람이 없는 나라가 된다. 물론 땅 위에 존재하는 나라가 완전히 그렇게 되지는 않을 것이다. 그러나 역사서는 하나님의 인도와 통치가 의롭다는 것을 보여준다. 첫째로 다윗의 생애를 볼 때, 비록 그가 사울의 질투로 말미암아 추격을 받으며 심한 고통을 겪기도 했지만, 그 자신은 그런 경험을 비롯해 그의 삶 전체를 하나님께서 '의의 길'로 인도하셨다고 고백한다시 23:3. 둘째로 솔로몬의 재판에서도 그 예를 볼 수 있는데, 그 사건은 솔로몬의 지혜를 보여주는 면도 있지만, 궁극적으로는 솔로몬이 지혜로 공정하게 일을 처리했음을 보여준다. 즉 그의 통치가 의롭다는 것이며, 나아가 하나님의 공의를

---

17. Grudem, *Systematic Theology*, 203.

드러내는 판결을 했다는 것이다. 이것이 여호와의 통치가 이루어지는 나라의 특징이 된다. 물론 여호와의 공의는 율법과 언약을 어기는 죄에 대한 심판에서도 나타난다삼하6:7; 왕상22:37~38.

(2) 긍휼이 지배하는 나라

하나님의 긍휼은 룻기에서 확인할 수 있다. 모압 여인 룻은 이방 여인*nŏkriyyā*으로서 사회적인 약자였지만, 하나님의 특별한 선택과 돌봄 속에 특별한 은혜를 경험하게 된다. 이것은 그녀가 하나님께서 가난한 자들이 그들의 삶을 회복할 수 있도록 마련하신 구속의 길을 받아들임으로써 가능하게 되었다. 룻은 처음에는 잘못된 신앙행동을 경험했지만, 하나님의 특별한 인도하심 가운데 나오미의 조언과 보아스의 신실한 행위로 구속을 받게 되었다. 이러한 이야기는 끝까지 돌보시는 하나님의 긍휼이 지배하는 나라를 보여준다. 율법에 의하면 근족은 잃은 재산을 찾아주어야 했지만레25:25, 계대결혼은 남편의 형제로만 한정되었다신25:5~10. 그런데 보아스는 말론의 형제도 아니고 사촌도 아니었는데도 율법의 요구를 넘어선 이타적인 사랑을 실천했다. 그는 기업 무를 자로서 율법의 조문이 아니라 율법의 정신을 따라 믿음으로 행한 '구속자*gō'ēl*'였다. 결국 하나님의 긍휼하심으로 말미암아 왕이 없는 사사시대에 메시아가 오시는 길을 예비하게 되었다.[18]

(3) 평화가 지배하는 나라

역사서에서 보여주는 하나님 나라는 다툼과 갈등이 아니라 평화가 지배하는 나라이다. 이는 다윗에게서 잘 나타나는데, 그의 왕위의 특징은 평강이었다. 이

---

18. 신득일, "룻기는 다문화가정 정착 모델?" 『구속사와 구약주석』, 101~103

와 관련해 열왕기는 "다윗과 그의 자손과 그의 집과 그의 왕위에는 여호와께로 말미암는 평강이 영원히 있으리라"왕상2:33b, 그리고 "이제 내 하나님 여호와께서 내게 사방의 태평을 주시매 원수도 없고 재앙도 없도다"왕상3:4라고 기록한다. 한편 히브리어 '샬롬*šālōm*'이라는 말은 회복과 보상 그리고 번영이라는 의미를 포함한다.[19] 뿐만 아니라 이 말은 포괄적인 개념이라서 안식과도 밀접한 관계가 있다. 즉 '평온'이란 말에서 그 의미가 겹친다사57:2. 역사서에서 번영으로 나타나는 영광은 솔로몬의 통치에서 나타나고, 평화와 안식은 성전에서 나타난다왕상8:56. 솔로몬 성전은 제사를 통해 하나님과 관계를 회복하고 안식을 누리는 곳이다. 이는 새 언약시대에 그리스도의 대속 사역을 통해 이루어질 영광스런 교회에서 누리게 될 회복과 생명의 교제, 그리고 참다운 안식을 미리 맛보는 것이다.

6. 하나님 나라의 기초

역사서에서의 하나님 나라가 오경의 연장선에 있다는 사실은 하나님의 특별한 계획 가운데 그 나라가 진행되고 있음을 말해준다. 즉 그것은 하나님의 약속에 의한 것이다. 멀게는 아브라함에게 주신 하나님의 약속이고, 가깝게는 다윗에게 하신 약속이다.

하나님께서는 아브라함에게 "땅의 모든 족속이 너로 말미암아 복을 얻을 것이라"고 약속하셨다창12:3. 또한 족장들에게도 그들에게서 나라와 왕들이 나올 것이라고 미리 말씀하셨다창17:6,16; 35:11. 심지어 발람에게도 통치자가 야곱에서

---

19. *HALOT*, 1506~7.

나올 것이라고 말씀하셨다. "한 별이 야곱에게서 나오며 한 규가 이스라엘에게서 일어나서 …… 주권자가 야곱에게서 나서……"민24:17~19. 그런데 이 약속은 다윗에게서 구체화된다. "네 집과 네 나라가 내 앞에서 영원히 보전되고 네 왕위가 영원히 견고하리라"삼하7:16. 학자들은 이것을 '다윗 언약David covenant'이라고 칭하는데, 사실 이것은 언약이 아니라 약속이다. 즉 하나님께서 다윗에게 일방적으로 약속하실 뿐 아니라 하나님께서 친히 그 약속을 이루어가시겠다는 것이다. 다윗 왕조가 미래에 대해서 낙관적인 것도 이 약속 때문이다. 그러나 다윗의 보좌는 하늘에 있는 하나님의 보좌가 아니라 땅 위에 있는 하나님의 보좌를 가리킨다. 즉 아브라함과 이삭, 야곱 그리고 다윗의 씨에게 약속한 영원한 보좌를 말한다.[20] '여호와의 나라'인 다윗의 보좌가 끊어지는 상황에서도 그 나라가 계속 이어지는 것도 이 영원한 약속 때문이다cf. 왕하25:27~30; 대하36:23.[21]

그렇지만 역사서에 나타난 하나님 나라의 진행은 자동적으로 이루어지는 것이 아니다. 또한 그 나라의 성격에서 주어지는 혜택 역시 아무 조건 없이 누릴 수 있는 것이 아니다. 하나님 나라는 무엇보다 언약과 맞물려 있다. 따라서 공의로운 왕이신 하나님의 명령을 신실하게 순종하지 않는 것은 하나님 나라의 질서를 역행하는 것이다. 언약에 신실한 왕의 통치에서 하나님의 속성이 드러나야 한다. 이런 점에서 언약에 신실하지 않은 직분자는 불충한 직분자가 될 수밖에 없다. 그런 상황에서는 하나님의 통치가 잘 이루어지지 않는다. 그러므로 하나님께서 은혜로운 교제의 수단으로 주신 언약궤나 성막, 그리고 성전도 그 백성이 하나님과 견고한 언약관계를 유지할 때 비로소 그 나라에서 누리는 복을

20. Walter C. Kaiser, "Kingdom Promises as Spiritual and National," in *Continuity and Discontinuity: Perspectives on the Relationship between the Old and New Testaments: Essays in Honor of S. Lewis Johnson, Jr.,* ed. John S. Feinberg (Westchester, IL: Crossway Books, 1988), 292.
21. 흥미로운 것은 히브리어 성경이 '올라갈지니라(*yā'al*)'라는 희망적인 단어로 끝난다는 것이다.

보장할 수 있다. 결국 구약 역사서는 언약을 하나님 나라에 참여하는 조건이자 기초로 제시한다고 하겠다.

7. 나가면서

역사서에서의 하나님 나라는 '여호와의 나라'로 표현되었고, 그 나라는 다윗 왕조의 통치를 통해 이루어진다. 물론 하나님 나라의 개념은 역사서 이전부터 존재했다. 하지만 역사서에 와서야 비로소 그 나라의 형태가 구체적으로 드러나게 된다. 그것은 곧 '신정국가'를 통해서이다. 그리고 이 신정국가는 직분과 제의제도를 통해서 유지된다. 다시 말해 제사장과 선지자 그리고 왕이라는 직분의 신실한 수행을 통해서 이상적인 지상의 하나님 나라를 이룰 수 있는 것이다. 땅위의 통치가 하나님의 통치인 것을 가시적으로 드러내고 보장해주는 것은 언약궤와 같은 제의기구와 성막, 그리고 성전이다.

역사서에 나타난 땅위의 하나님 나라를 지탱해주는 기초는 하나님의 약속이다. 이 약속은 아브라함에게 주어졌고, 이후 다윗에게서 더욱 구체화되었다. 하나님 나라의 미래가 열려 있고 또 그 나라가 낙관적인 이유는 모두 이 약속 때문이다. 또한 하나님 나라가 주는 공의와 평화와 긍휼을 입고 누리는 것도 언약에 달려 있다. 역사서에 언급된 모든 것은 새 언약시대에 누리게 되는 성취된 하나님 나라의 복을 미리 맛보는 것이다.

제6장

윤리

1. 들어가면서

구약 역사서에서 윤리를 설교하는 일은 너무도 방대하고 복잡한 일이다. 사실 역사서는 오경과는 달리 윤리적 규범을 제시하지 않는다. 물론 규범과 관련된 표현이 나오기도 하지만, 그것은 단지 해설자narrator에 의해 두 차례 언급될 뿐이다왕상11:1~6; 왕하17:15~17. 즉 오경은 이스라엘이 이상적인 신앙 공동체를 세우고 유지하는 데 필요한 법을 제시하는 것이지만, 역사서는 단지 약 천년 동안 나타난 수많은 인간의 행동양식에 대해 가끔 윤리적으로 평가할 뿐이다. 더군다나 그 평가조차 오경의 '법전'이라고 할 수 있는 '십계명'과 '언약서'출20:22~23:33 그리고 '성결법'레17~26장과 '신명기법'에 기초한 것이다. 그보다는 오히려 백성이나 왕과 같은 직분자의 행동에 대해 윤리적으로 평가하지 않는 경우가 더 많다. 이것은 역사서가 윤리적인 판단을 우선시하지 않는다는 것을 의미한다.

학자들은 주로 오경에 치중하여 구약의 윤리를 연구해온 반면, 역사서를 윤리 연구의 소재로 삼는 데는 소홀히 하는 경향이 있었다. 그러나 최근의 경향은 구약의 윤리를 연구하는 데 역사적 내러티브의 비중이 점점 커지고 있다. 전성민은 자신의 학위논문에서 내러티브를 "윤리적 논의의 중심 자료"로 여겼다.[1] 그렇지만 역사서의 윤리를 살피기 전에 먼저 해야 할 일은, 역사서가 윤리적 문제를 다루는 특징을 이해하는 것이다. 그러므로 이 장에서는 먼저 역사서가 다루는 윤리의 특징을 제시하고, 현대적 관점에서 분류한 윤리적 범주에 따라 역사서에 등장하는 다양한 윤리적 문제를 선택적으로 살필 것이다. 그리고 이렇게 역사서에서 말하는 윤리의 근거와 위치, 성격, 목적을 밝힘으로써 설교를 작성하는 데 도움을 주고자 한다.

---

1. S. M. Chun, *Ethics and Biblical Narrative*: A Literary and Discourse-Analytical Approach to the Story of Josiah (Oxford; New York: Oxford University Press, 2014), 42.

2. 역사서 윤리의 특징

월터 카이저Walter Kaiser는 구약윤리의 기본적인 특징을 개인적, 유신론적, 내적, 미래지향적, 보편적인 것으로 제시한다.[2] 그런데 이런 분류는 구약윤리 전체를 다루는 아주 포괄적인 분류이다. 이에 비해 역사서 윤리의 특징은 좀 더 제한된 개념으로서 다음과 같이 세 가지로 제시될 수 있다.

(1) 언약적 윤리

"구약윤리는 옛 언약이 규정하고 승인하는 삶의 양식과 관련된다."라고 한다면,[3] 구약 역사서가 보여주는 윤리의 기초도 언약이 되어야 할 것이다. 하나님께서 악이나 죄로 규정하는 것은 언약에 대한 불충이나 언약의 파기에 따른 결과로 나온 것이다. 그리고 언약을 떠나거나 파기하는 것은 하나님과의 관계를 단절하고 우상을 숭배하는 것을 말한다. 따라서 역사서는 백성이나 왕의 윤리적인 행위 이전에 배교행위를 악으로 규정한다.[4] 언약이란 하나님과 백성간의 인격적인 관계를 말하는 것인데, 그 관계를 유지하는 방편이 율법을 지키는 것이다.

오경에서 윤리적 규범의 핵심으로 주어진 십계명도 하나님과 맺은 언약관계에서 나온 것이다. 십계명은 하나님과 맺은 은혜로운 언약관계를 지속적으로 유지하기 위한 방편으로 주어졌다. 다시 말해 율법에 순종하지 않는 것은 언

---

2. W. Kaiser, *Toward Old Testament Ethics* (Grand Rapids, Mich.: Zondervan, 1983), 4~13.

3. Kaiser, *Toward Old Testament Ethics*, 3.

4. 백성(삿2:11; 3:7; 10:6; 삼상12:20), 다윗의 노래(삼하22:22), 솔로몬의 기도(왕상8:47), 솔로몬(왕상11:6), 여로보암(왕상14:9), 유다(왕상14:22), 나답(왕상15:26), 바아사(왕상15:34), 시므리(왕상16:19), 오므리(왕상16:25), 아합(왕상16:30~33; 20:21; 21:25), 이스라엘의 아하시야(왕상22:52), 여호람(왕하3:2), 유다의 아하시야(왕하8:27), 여호아하스(왕하13:2), 요아스(왕하13:11; 14:24), 스가랴(왕하15:9), 므나헴(왕하15:18), 브가히야(왕하15:24), 므낫세(왕하21:2,6,11,16); 아몬(왕하21:20), 여호아하스(왕하23:32), 여호야김(왕하23:37), 여호야긴(왕하24:9), 시드기야(왕하24:19).

약관계를 위태롭게 하는 것이다. 결과적으로 언약을 파기하는 것이 곧 율법을 범하는 것이다. 즉 율법을 떠나는 것이 무법한 비윤리적인 행위가 되는 것이다. 앞서 언급했듯이 하나님께서 타락한 이스라엘에게 지속적으로 출애굽의 역사와 그 은혜를 상기시키는 이유도 여기에 있다삿2:1~2; 6:8 등. 즉 언약관계로 돌아오라는 것이다.

언약이 이스라엘의 윤리의 중심에 있다고 할 때, 그것은 하나님과 나누는 교제와 관련이 있다. 하나님과 교제를 나누는 것은 이스라엘이 하나님께로 돌아와서 그분의 공유적 속성을 공유할 수 있을 때만 가능한 것이다. 즉 성경적 윤리의 원칙은 하나님의 공의와 선하심과 거룩함에서 나온다는 것이다. 이는 인간이 하나님의 형상으로서 드러내야 할 측면이기도 하다. 하나님께서 공의롭고 선하고 거룩하시듯이, 인간도 그렇게 사는 것이 윤리적 이상을 실현하는 것이다. 하나님께서 거룩한 분이시기에 그분과 교제하는 백성도 거룩한 삶을 살 것을 요구받는다레11:45.[5] 결과적으로 윤리적인 삶이란 하나님의 속성을 인간의 차원에서 적용하는 것이라 할 수 있다. 이것을 하나님을 본받는 것imitation of God이라고 말한다.[6] 역사서에 나타나는 인물들의 행위에 그 속성이 반영되면 그 삶은 윤리적이라고 판단할 수 있다. 이는 법조문 이전의 요구에 해당하는 것이다.

이스라엘이 하나님의 언약백성 된 것은 그들이 타민족과는 달리 선택된 백성이 되었기 때문이다. 그리고 이스라엘이 타민족과 구분된 것은 그들의 종교와 규범도 타민족과 다르다는 것을 의미한다. 이스라엘의 종교를 '윤리적인 유일신론'이라고 규정하는 것은 그 종교의 특이성을 드러낸다. 이를 다르게 말하

---

5. 카이저는 구약윤리의 내용을 거룩함으로 규정하고, 예배와 마음의 동기뿐만 아니라 삶의 전 영역에 그 속성을 적용시킨다. Kaiser, *Toward Old Testament Ethics*, 139~244.

6. 바톤(Barton)은 나그네에게 친절을 베풀어야 하는 것은 하나님 자신이 이스라엘에게 친절하셨기 때문이라고 예를 든다(신24:17~18). J. Barton, *Understanding Old Testament Ethics*: Approaches and Explorations (Louisville, Ky.; London: Westminster John Knox Press, 2003), 29~30.

면 이스라엘 주변의 종교는 비윤리적이고 다신론적이라는 말이다. 다신론적인 사회에서는 윤리적인 규범을 기대하기가 어렵다. 여러 신화에서 볼 수 있듯이, 고대 사회의 신들은 자연을 신격화한 것으로서 서로 경쟁관계에 있고 변덕스럽게 표현되기 때문에 그것으로부터 윤리적인 규범을 기대하는 것은 불가능하다. 이와 관련해 해리슨은 이스라엘의 주변국가인 페니키아-가나안 종교의 두드러진 특징은 가장 낮은 도덕적 수준을 보이는 제의적 음행이라고 했다.[7] 하지만 이들의 종교와 대조적으로 여호와 하나님과 언약관계 있는 이스라엘은 가장 높은 도덕성을 요구받았다.

역사서에서 보여주는 윤리가 언약적인 성격을 지녔다는 말은 그 윤리가 개인적일 뿐만 아니라 공동체적인 성격을 띠고 있다는 뜻이다. 왜냐하면 하나님의 언약의 대상은 개인이 아니라 이스라엘 백성이기 때문이다. 따라서 역사서의 윤리는 사회적인 성격이 짙게 나타난다. 이는 오늘날 말하는 사회윤리와 정치윤리, 그리고 경제윤리와도 관련이 있다.

언약백성인 이스라엘은 여호와 하나님과 맺은 언약에 순종해야 했다. 그런데 이런 "언약적 순종은 왕으로부터 이스라엘 개인에 이르기까지 한 백성으로서 이스라엘에 대한 으뜸가는 윤리적 요구였다."[8] 즉 이스라엘의 윤리는 언약에 순종하는 과정과 결과에서 나온다는 것이다. 때문에 이스라엘은 일부러 윤리적 규범 자체에 매이는 율법주의적 삶을 추구할 필요가 없었다. 왜냐하면 언약에 충실한 삶의 결과가 윤리적이라는 평가를 받기 때문이다.

---

7. R. K. Harrison, *Introduction to the Old Testament*, 364.
8. C. J. H. Wright, "Ethics," ed. Bill T. Arnold and H. G. M. Williamson, *Dictionary of the Old Testament: Historical Books* (Downers Grove, IL: InterVarsity Press, 2005), 260.

(2) 서술적 윤리

오경의 윤리는 대체로 규범적인prescriptive 반면에 역사서의 윤리는 서술적 descriptive이다. 규범적인 표현은 도덕적인 의무가 주어지는 것으로 반드시 해야 할 것을 명령하는 형식을 갖추지만, 서술적인 표현은 단지 어떤 일이 일어나고 진행되는 것을 알려줄 뿐이다. 그래서 규범적인 언어는 '해야 한다'라는 용어를 포함하고 종종 명령법으로 표현된다. 반면, 서술적인 언어는 '이다' 또는 '하다' 라는 용어를 포함하며 도덕적인 판단이나 명령을 하지 않는다.[9]

이렇게 역사서는 대체로 서술적으로 기록되었기 때문에 그 많은 분량의 책에서 이스라엘의 역사 전체에 걸쳐 수많은 인물의 행위를 묘사하면서도 그들의 행동에 대해서는 별로 평가하지 않는 것이다. 물론 가끔 평가가 제시될 때가 있지만, 그럴 때에는 선지자나 제사장과 같은 인물이나 하나님의 뜻을 표현하는 해설자narrator를 통해서 나타난다.[10]

평가 없이 사건을 알려주는 경우로는 다음과 같은 것들이 있다. 우선 이스라엘을 대적의 압제에서 구원한 기드온이나 삼손과 같은 사사들은 명백한 윤리적인 문제를 드러내고 있지만, 성경은 그들의 삶에 대해 보도만 할 뿐이다. 또한 자신의 요구를 거절한 나발에 대한 반응으로 그의 집안의 모든 남자를 죽이겠다고 말한삼상25:22 다윗의 행동에 대해서도 이것이 정당한 것인지, 아니면 나발의 반응이 정당한 것인지에 대한 평가도 전혀 없다. 엘가나를 비롯해서 많은 지도자가 일부다처제를 따랐으나 그들의 행위에 대해 직접적으로 지적하지도 않는다. 독자의 생각에는 명백하게 비윤리적인 행위로 판단되는 경우에는 하나

---

9. John S. Feinberg and Paul D. Feinberg, *Ethics for a Brave New World* (Wheaton, IL: Crossway Books, 1993), 19.
10. 서사비평(Narrative Criticism)에서는 이 해설자가 주인공의 마음 상태까지 다 알고 있는 전지한 자로 묘사된다. 따라서 그 해설자는 성경의 영감에서 말하는 제1저자, 즉 성령에 해당할 것이다.

님의 심판을 통해 부정적인 결과를 알려줄 것이라고 기대하지만, 오히려 그렇지 않은 경우가 많다.

이렇게 역사서에 기록된 인물의 행동에 대해 윤리적으로 최종 판결자이신 하나님의 평가가 없다면, 독자가 언약이나 율법의 관점에서 판단해야 한다. 이때 독자는 한 인물의 행동이 언약적 요구에 부합하는지, 부합하지 않는지, 또는 과잉supererogation 윤리적 행동이 나타나는지를 판단하게 된다. 따라서 어떤 규범이 없다고 해서 역사서가 윤리적 논의에 도움이 안 되는 것은 아니다. 그보다 도덕성이 이야기 속에 어떻게 녹아 있는가에 관심을 가지는 것을 '네러티브 윤리'라고 하는데, 이것이 최근 윤리연구의 한 흐름이기도 하다. 어쩌면 규범이 있는 것보다 없는 것이 시대와 문화를 초월하는 보편적 윤리를 풍부하게 적용할 수 있는 장점이 될 수도 있다. 물론 역사서에 보편적 윤리가 어느 정도 적용되는지는 미지수이다.

(3) 부차적 윤리

역사서의 전체적인 내용은 오경에서 인류를 구원하기 위해 하나님께서 약속하신 내용이 어떻게 시공간 속에서 성취되는가를 보여준다. 이 과정에서 윤리적 행위는 하나님의 공동체를 하나로 묶어주는 언약에 충실한 행위의 결과로 나타난다. 따라서 역사서는 윤리적 행위에 관한 많은 교훈들을 담고 있는 것이 틀림없다. 바울이 예로 든 광야시대의 사람들만이 아니라 역사서에 나타난 모든 사람들의 삶이 긍정적이든, 부정적이든 우리에게 본보기가 되어 우리를 깨우치는 데 도움이 된다고전10:11.

그럼에도 불구하고 역사서에서 윤리는 우선적인 주제가 아니라 부차적인 주제로 볼 수밖에 없다. 왜냐하면 역사서의 기록목적은 윤리적인 모범을 제시하기 위해서가 아니라 인간의 비윤리적인 행위에도 불구하고 인류의 구원을 위해 약속에 신실하신 하나님을 보여주기 위해서 기록되었기 때문이다. 다시 말해, 역사서는 윤리적 행위의 실례를 보여주는 윤리교범이 아니라는 것이다.

특히 역사서에 등장하는 다음의 세 여인의 상태와 행동을 보면 윤리적으로 이해할 수 없는 부분이 많다. 우선 라합의 경우는 직업이 창녀*zōnâ*였다수2:1.[11] 그녀는 거짓말을 하고 정탐꾼을 숨겨주었다수2:4~6. 그러나 라합이 이방 여인이었기 때문인지는 몰라도 그녀의 윤리적인 행위에 대해 본문은 아무런 문제도 삼지 않는다. 오히려 그녀의 거짓말보다 그녀가 출애굽에 역사하신 하나님의 능력을 인정하고 그분의 유일성을 고백한 것을 더 중요한 것으로 여기는 것 같다. "너희의 하나님 여호와는 위로는 하늘에서도 아래로는 땅에서도 하나님이시니라"수2:11. 심지어 신약에서는 라합의 행동을 믿음의 행위라고 규정한다히11:31.

또한 언약에 신실하지 못한 나오미는 남편과 아들들이 죽자 자부들에게 그들의 친정으로 돌아가라고 설득한다. 이는 윤리적으로 아주 관대한 시어머니의 모습으로 볼 수도 있다. 자신도 십 년 동안 외국에서 살면서 현실적인 어려움을 겪었는데, 그 자부들이 배타적인 유대 땅 베들레헴에 정착해서 이방인으로서 산다고 했을 때 아무리 생각해도 현실적인 답이 보이지 않았을 것이다. 하지만 그렇다고 자부들에게 모압에서 새로 남편을 얻어 안식하고 그 신들에게로 돌아가라고 권하는 것은 언약에 반하는 요구일 뿐만 아니라 믿음의 표준을 넘어서는, 영적으로 위험한 관대함이었다. 나오미는 비록 윤리적인 덕목을 이행했다 하더라도, 언약에 반하는 그녀의 행동은 문제가 될 수 있다. 왜냐하면 역사서에서는 언약에 반하는 행위를 바람직한 것으로 보지 않기 때문이다. 성경적인 입장에

---

11. 창녀(*zōnâ*)란 명사형은 동사 *zānâ*에서 왔다. 이 용어에 대해 여러 가지 견해가 있지만 언어적으로 동계어에서 '음행하다'로 번역한다. S. Erlandsson, "זָנָה," TDOT, 99. 탈굼은 '여인숙 주인(*pundeqētâ*)'으로 번역했는데, 이는 창녀를 완곡하게 표현한 것으로 볼 수 있다. Cf. Victor P. Hamilton, *Handbook on the Historical Books* (Grand Rapids, MI: Baker Academic, 2001), 22.

서 나오미의 이런 관대함을 올바른 덕목으로 평가할 수는 없다.

마지막으로, 앞에서 다루었듯이, 모르드개는 베냐민 지파에 속한 사람이었지만 하나님의 약속과는 무관하게 제국의 수도인 수산에 살고 있었다. 그의 이름마르둑을 숭배하는 자만 보더라도 모르드개는 페르시아의 문화에 동화되어 살았던 것으로 보인다. 이렇듯 그가 에스더와 함께 약속의 땅으로 돌아가지 않고 제국의 수도에서 더 나은 삶을 기대하며 신분을 감추고 산 것은 마치 그리스도인이 신분을 드러내지 않고 세상과 짝하고 사는 것이나 다름없다. 그들은 세상적인 성취를 지향하는 삶을 살았다. 또한 모르드개가 하만에게 절하지 않은 것은 권세를 가진 자에 대한 예의를 지키지 않는 도덕적인 문제가 될 수 있다. 왜냐하면 그가 절하지 않은 것은 신앙의 행위에서 나온 것이 아니라 이스라엘의 철전지 원수인 아말렉 족속에게 굽힐 수 없다는 민족정신에서 나온 것일 수 있기 때문이다.[12] 결과적으로 그의 행동 때문에 유대민족은 몰살당할 위기에 처하게 되었는데, 다행히 하나님께서 이 일에 개입하시어 위기를 모면하게 된다. 에스더서는 이러한 인간의 불충에도 불구하고 하나님께서 사라질 위기에 처한 구원의 길을 보존하시고 메시아의 길을 내셨음을 보여준다.

이상의 세 가지 예에서 본 바와 같이, 역사서는 윤리를 중요한 주제로 취급하긴 하지만 하나님의 구속역사를 더 앞세우기 때문에 결과적으로 그것은 부차적인 것일 수밖에 없다.

---

12. 비스케르커, 『그래도 하나님은 승리하신다』, 43~44

3. 역사서 윤리의 제문제

아래에서는 현대인들에게 구체적으로 구약윤리를 적용하기 위해서 분야별로 설명하고자 한다. 물론 여기서 세부적으로 자세히 살피기는 어렵고 다소 선별적이지만 중요한 부분들을 위주로 다루도록 하겠다.

(1) 개인윤리

역사서는 국정운영과 관련된 큼직한 사회문제를 많이 다룬다. 물론 이와 더불어 사소한 개인적인 윤리문제들도 많이 다루고 있다. 한글성경에서 '신실', '성실', '충실', '충직', '충성' 등으로 번역된 히브리어는 주로 '아만'āman'에서 온 것이다.[13] 역사서에서는 이 단어가 주로 직분자의 자질과 관련하여 언급된다삼상 2:35; 22:14; 느13:13. '정직'으로 번역된 단어는 '요쉐르yōšer'인데, 이는 '바르다'라는 뜻의 '야샤르yāšār'에서 왔다. 이 단어는 다윗에게 적용되었는데, 그 스스로도 성전건축을 위해서 정직한 마음으로 즐거이 봉헌했다고 말했으며대상29:17, 하나님께서도 솔로몬에게 다윗을 정직한 사람이라고 말씀하셨다왕상9:4. 이렇듯 정직은 직분자가 지녀야 할 윤리적인 덕목으로 제시되었다.

개인윤리의 덕목으로서 '관대함'을 보여주는 행위 또한 다윗에게서 볼 수 있다. 다윗은 자신의 생명을 노리는 사울을 죽일 기회가 있었음에도 그를 살려주었는데, 이는 그의 관대함을 보여준다. 물론 그의 관용은 그의 인격적 자질이나 여유를 보여준 것이 아니다. 그보다 다윗이 관용을 베푼 것은 그가 사울을 기름부음 받은 하나님의 종으로 인정하고 하나님의 법에 순종했기 때문이다삼상 24:6. 또한 다윗은 시글락에서 아말렉을 물리치고 전리품을 공평하게 분배함으

---

13. 니팔, 분사, 능동형으로 쓰였는데, 사물을 수식할 때는 '견고한'이란 의미를 가진다(왕상11:38).

로써 자신이 유다의 변함없는 친구임을 확인시켜 주었는데, 이것 역시 어느 정도 정치적인 계산이 있었을 수도 있지만 분명 그의 관대함에서 나온 것이라 할 수 있다삼상30:26.

정치적인 계산이 보다 분명하게 드러나는 다윗의 관대함은 요나단의 아들 므비보셋을 환대한 경우다.[14] 다윗은 므비보셋을 궁중에 들여서 왕자의 대접을 받도록 했는데, 이는 사울이 속한 베냐민 지파의 불만을 다소 잠재울 수 있는 계기가 되었을 것이다. 이것을 순수하게만 본다면 과잉 윤리에 해당될 수 있다. 다윗이 보여준 관용의 극치는 시므이의 저주에 대한 그의 반응에서 나타난다삼하16:10~12. 하지만 다윗이 마지막으로 한 말, 곧 시므이를 처단하라고 한 것은 그가 보여준 관용의 의미가 무엇이었는지 판단하기 어렵게 만든다왕상2:8~9. 한편 과잉 윤리적인 행동은 요나단에게서도 찾아볼 수 있다. 요나단은 다윗과 맺은 언약을 지키면서 단지 다윗의 생명을 보호하는 데 머물지 않고 자신의 왕위까지 내어주었다. 이는 분명 윤리의 한계를 넘어서는 행위로 봐야 할 것이다삼상23:17.

역사서에는 개인윤리의 부정적인 예도 많이 있다. 거짓말의 경우, 다윗에게서만 여러 차례 나타난다삼상20:6; 21:13; 27:10. 또 다른 부정적인 예는 사사기에 등장하는 레위인이다. 그의 첩으로 인해 생긴 사건에서 그가 행한 끔찍한 일로 말미암아 베냐민 지파와 온 이스라엘이 전쟁에 돌입하게 된다. 이 과정에서 그는 레위인으로서 지녀야 할 사랑과 관용, 정직의 측면에서 심각한 문제를 보였다. 더욱이 이스라엘 앞에서 그가 보고하는 내용은 사건의 진상을 밝히는 것이 아니라 사실을 왜곡하면서 자기중심적인 변명만 늘어놓는 것이었다삿20:4a~7.[15] 그가 사용하는 용어는 경건하기까지 했지만, 실제로 그는 화목이 아니라 보복을 위해

---

14. Wright, "Ethics," 262.
15. Cf. Daniel I. Block, *Judges, Ruth, vol. 6*, The New American Commentary (Nashville: Broadman & Holman Publishers, 1999), 554.

서 열심을 내었던 것이다. 본문은 서술적으로 그의 행위를 묘사하고 있지만, 이 도덕적 타락이 사사시대의 혼란을 초래하는 대표적인 사건이 된다.[16]

(2) 사회윤리

사회윤리란 개인의 양심이나 의식에 책임을 묻는 윤리와 구분되는 것으로서 사회적 제도와 질서 때문에 생기는 윤리적인 문제를 말한다. 비록 사회윤리를 다루는 학문은 생시몽Saint-Simon 이후에 등장했지만, 사회윤리로 볼 수 있는 문제는 공동체를 이루는 인류의 역사와 함께 시작했다고 봐야 할 것이다. 그래서 역사서에서도 나라의 정책이나 사회적인 구조 때문에 생기는 윤리적인 문제가 등장한다. 가령, 사무엘에게 왕을 요구하는 백성을 향해 하나님께서는 인간 왕의 제도가 가지는 폐해를 미리 일러주셨다삼상8:11-17. 그 제도의 치명적인 문제점은 백성이 왕의 종이 된다는 것이었는데삼상8:17, 이는 제도 때문에 생기는 사회윤리의 문제를 미리 제기한 것으로 볼 수 있다.

역사서에 나오는 사회윤리의 실례를 살펴보면, 먼저 솔로몬의 행정구역 편성과 건축 사업으로 말미암은 백성의 고역을 들 수 있다. 물론 솔로몬은 이스라엘 백성을 노예로 삼지는 않았다왕상9:22. 그러나 그의 건축 프로젝트에 삼만 명의 역군이 동원되었다왕상5:13, 히브리어 본문은 27절. 여기서 '역군mas'이란 고된 노동을 부과 받은 사람이라기보다 임금을 제대로 지불받지 못한 채 노동을 강요당하는 일꾼을 의미한다. 이에 존 브라이트는 "이것이 정말 노예의 신분보다 나은가?"라고 묻기까지 했다.[17] 이런 고역은 세대에 걸쳐서 무고한 백성이 받은 실제적인 고통이었을 것이다. 결국 이 고역은 이스라엘을 남북으로 분열시키는 계기가 되었다왕상12:6~16.

---

16. 사사기는 17장 이후 부분을 부록으로 보고, 이를 시간순서상 사사시대의 초기로 보아야 한다.

17. J. Bright, *A History of Israel*, 4th ed. (Louisville, Ky.: Westminster John Knox, 2000), 222.

또 다른 예로는 아합 시대에 히엘이 여리고를 건축하면서 저주를 받은 것을 들 수 있다왕상16:34. 당시 여리고를 재건하는 것은 폐허가 된 도시를 사람이 살 수 있는 곳으로 만드는 것이 아니라 요새화시키는 것을 의미했다. 이는 아합의 부국강병 정책에 따라 여리고를 요새화함으로써 남쪽 국경을 강화시키려는 프로젝트의 일부로 보인다.[18] 여기에 총책임을 맡은 자로 보이는 히엘이 저주를 받은 것은 그 개인의 문제라기보다 국가정책 때문이었다고 할 수 있다. 그가 자녀를 희생시키면서foundation sacrifice 성을 건축한 것도 저주를 받은 결과다. 비록 한글 번역과 같이 건축과정에서 사고를 당한 것이었더라도, 그것은 여호수아의 저주가 임한 것이었다수6:26. 히엘의 입장에서 이 사건은 국가정책으로 인한 희생이었다.

또한 북이스라엘의 경우에는 여로보암의 길을 따른 왕들의 그릇된 정책으로 말미암아 사회정의에 역행하는 현상이 만연했을 것이다. 유다의 경우에도 므낫세가 종교적으로만이 아니라 사회적으로도 악을 행한 것에 관해 적나라하게 표현하고 있다. "므낫세가 유다에게 범죄하게 하여 여호와께서 보시기에 악을 행한 것 외에도 또 무죄한 자의 피를 심히 많이 흘려 예루살렘 이 끝에서 저 끝까지 가득하게 하였더라"왕하21:16. 여기서 "'무고한 자의 피를 흘렸다'라는 표현은 보통 가난한 자와 사회적 약자에 대한 압제를 가리킨다."[19] 즉 므낫세의 그릇된 정책으로 인해 당시 유다에서는 사회정의를 위한 규범이 무시되고 있었다신 15:7~9; 24:12,17; 레25:25,35,39.

그런데 사회윤리는 윤리적인 책임을 개인이 아니라 사회로 돌린다. 하지만 사실 그것은 책임을 저야할 실체가 없고 이념일 뿐일 때가 많다. 그러나 역사서에서의 사회윤리 문제는 통치자에게 그 책임이 있다. 왜냐하면 하나님께서

---

18. 신득일, "여리고성 재건에 나타난 저주(왕상16:34)," 『구속사와 구약주석』, 182~186
19. Fritz, *1 & 2 Kings*, 392.

는 이스라엘이 이상적인 신앙공동체를 유지하도록 적합한 규범을 주셨기 때문이다신4:8.

(3) 생명윤리

현대적 개념으로 생명윤리란 과학의 발전과 함께 인간의 존엄성이 위협받는 상황에서 나온 것이다. 그러나 여기서 다루려고 하는 것은 십계명 중 여섯 번째 계명과 관련된다. 여섯 번째 계명이 가르치는 것은 타인의 생명을 해치지 말라는 것만이 아니라 오히려 생명을 보호할 의무까지 포함하는 것이다. 엄격하게 말해, 이 계명에서 말하는 '살인*rāṣaḥ*'이란 불법적으로 사람을 죽이는 모든 것을 뜻한다. 때문에 이 법은 생명존중의 기본이 되는 법이다.

그런데 역사서에서는 이 계명이 무시되는 경우가 많다. 게다가 실제로 역사서에서 이 단어가 적용된 경우는 아합의 살인밖에 없다왕상21:19; 왕하6:32.[20] 아합이 살인자가 된 것은 그가 불법으로 나봇을 죽였기 때문이다. 또한 사사시대에 기드온의 아들 아비멜렉은 왕이 되기 위해서 그의 이복형제 칠십 명을 한 반석 위에서 살해했다삿9:5. 뿐만 아니라 그는 왕이 된 이후에도 내전으로 선량한 백성들을 살해했다삿9:44~45. 다윗조차도 밧세바를 강간한 후에 우리야를 죽였다삼하11장. 앞에서 언급했듯이, 므낫세 또한 무고한 백성을 엄청나게 많이 죽였다왕하21:16. 압살롬은 그의 누이 다말이 암논의 계략에 속아 강간을 당하자, 그를 유인하여 죽게 함으로써 복수했다삼하13:28~29.

또한 역사서에는 타인을 살해하는 경우 외에도 자해를 한다든지 스스로 죽기를 구하는 경우가 더러 있다. 물론 자살이라고 할 수 없지만, 모세와 같이 엘리야도 하나님께 자신의 목숨을 거두어 달라고 기도했다. 그가 생명을 포기하

---

20. 나머지 용례는 모두 부지중에 살인한 경우로서 도피성에 관한 내용을 언급할 때 나온다(수20:3,5,6; 21:13,21,27,32,38).

려고 했던 것은 순간적으로 자신이 처한 환경과 긴급한 상황 때문에 오는 절망감에서 선택한 것으로 보인다. 즉 백성이 언약을 떠나고, 주의 제단이 헐리고, 선지자들이 죽임을 당하고, 더욱이 왕후가 저주까지 내리면서 자기를 죽이겠다고 맹세하는 상황왕상19:2에서 나온 행위라는 것이다. 물론 그가 극단적인 선택을 하지는 않았지만, 이는 분명 언약에 굳건하지 못한 나약함을 드러낸 것이었다.

역사서에서 실제로 자살한 사람이 있는데, 바로 아히도벨이다삼하17:23. 이 노련한 정치인은 다윗을 처치할 수 있는 그의 조언이 거절되자 결국 다윗의 손에 자신이 죽게 될 것이라 판단하고 스스로 목을 맨 것으로 보인다. 기름부음 받은 메시아를 거절했던 아히도벨은 가룟 유다와 같이 스스로 저주스런 최후를 맞았다. 그런데 아비멜렉삿9:53~54과 사울삼상31:4; 삼하1:9의 경우는 일종의 안락사와 같은 것인데, 이는 신체적인 고통이 아니라 정신적인 고통, 즉 수치스런 죽음을 피하기 위해서 자신의 생명을 단축시킨 것이다.

먼저 아비멜렉의 경우, 여인에게 죽는 것은 할례 없는 자에게 죽는 것보다 더 수치스러운 일이었다.[21] 그러나 그의 죽음은 하나님의 보응이었고 요담을 통해서 주어진 예언에 대한 성취였다삿9:56~57. 사울도 무기를 든 신하에게 자신을 죽여 달라고 했지만, 그가 주저하자 스스로 칼에 엎드러져서 죽었다. 그의 신하도 왕을 따라서 자살했다. 자살이나 인위적인 생명 단축은 분명히 생명을 주관하시는 하나님의 주권을 침해하는 행위다. 그러나 본문은 이 사건에 대해서 어떤 윤리적인 판단도 내리지 않는다. 또 다른 경우로는 스스로 죽음을 간구한 삼손이 있다삿16:30. 보기에 따라서 그의 죽음을 자살로 여길 수 있는 여지가 있지만, 사실 삼손이 여호와 하나님께 능력을 구하면서 블레셋 사람과 함께 죽겠다고 기도한 것은 자살을 시도하기 위한 것이 아니라 자신의 마지막 사역을 위한

---

21. Block, *Judges, Ruth*, 333.

간구로 보아야 할 것이다.

　이스라엘과 주변 나라에서는 종교의 이름으로 생명을 해하는 관행이 있었다. 이런 관행의 영향을 받아 유다 왕 아하스와 므낫세도 아들들을 불 가운데로 지나가게 함으로써 몰렉에게 바쳤다왕하17:17; 21:6; 대하33:6. 모압 왕이 자신의 세자를 희생시키는 행위왕하3:27 역시 더 많은 생명을 지키기 위해 그 일을 단행했겠지만, 이런 일은 이스라엘에서는 금지된 관행이었을 뿐만 아니라레18:21 보편적인 도덕으로도 받아들여질 수 없는 것이었다.

(4) 성윤리

　십계명의 일곱 번째 계명에서는 간음을 금하고 있다출20:14. 그러나 역사서에는 남녀 간의 성적 문제들이 많이 기록되어 있다. 삼손은 사사로서 사역 중에 창녀와 놀아나고 들릴라와도 애매한 관계를 유지했다삿16:1,4. 이스라엘 역사에서 가장 위대한 왕으로 칭송받는 다윗조차도 여기에서 자유로울 수 없다. 그가 밧세바와 간통한 것은 역사서에서 간음의 모범으로 제시된다삼하11:4. 이어서 계속되는 그의 총체적인 죄의 중심에는 이런 밧세바 사건이 있었다. 이에 대해 라이트는 다윗은 십계명 둘째 돌판에 있는 다섯 가지의 계명을 모두 짓밟은 것이었다고 말한다. 곧 살인, 간음, 도둑질, 거짓말 그리고 탐욕을 모두 범한 것이었다.[22] 다윗의 아들 암논은 이복누이 다말을 사랑하여 상사병까지 걸렸는데, 결국 그녀를 꾀어서 범하고 말았다삼하13:1~14. 이는 근친상간의 죄에다 강간죄를 더한 것이었다레18:9; 20:17.

　역사서에는 이성간의 성적인 이탈만 있는 것을 아니라 동성간의 성적인 탈선 행위도 있다. 개인적인 동성관계가 아니라[23] 집단적으로 동성에 대한 성폭력을

22. Wright, "Ethics," 263.
23. 다윗과 요나단의 관계를 동성관계로 볼 수 있는 근거는 없다. Cf. 신득일, "다윗과 요나단," 『구약과 현실문

시도하려는 행위가 언급되었다. 곧 사사시대에 기브아에서 레위인을 내어달라고 요구한 그 성읍의 비류들이 그를 '상관하겠다'고 했는데, 이는 히브리어 '야다 *yāḏa*'로서 드물기는 하지만 성행위를 완곡하게 표현할 때 사용된 단어다. 내용적으로도 이는 동성을 대상으로 성폭행을 시도한 것이었다. 마치 과거 소돔 사람들이 롯의 집을 찾아온 천사들을 요구했던 것과 같다.[24] 구약의 율법은 하나님의 백성이 거룩하고 정결한 삶을 살도록 하려고 명백하게 동성간의 성행위를 금하고 있다레18:22[25]

결혼과 관련하여 이스라엘 공동체에서 암묵적으로 받아들여지고 있었던 것은 일부다처제다. 이는 성문제와도 관련이 있다. 가령, 기드온은 아들만 칠십 명을 둘 정도로 많은 아내를 두었고삿8:30, 다윗도 여섯 명의 아내를 두었으며삼하3:2-5, 솔로몬은 천 명의 후궁과 첩을 두었고왕상11:3, 르호보암은 아내 십팔 명과 첩 육십 명을 두었다대하11:21. 반면 엘가나와 같이 자녀가 없어서 둘째 아내를 둔 경우도 있다삼상1:2. 물론 그렇다고 해서 이스라엘 사회에 일부다처제가 만연되었다고 볼 수는 없다.

하나님의 창조질서는 일부일처제를 말하며창2:24, 율법도 그것을 전제로 한다. "너는 아내가 생존할 동안에 그의 자매를 데려다가 그의 하체를 범하여 그로 질투하게 하지말지니라"레18:18. 이 본문은 단순히 근친상간을 금지하는 것만은 아니라 보다 근본적인 문제를 지적하고 있는데, 그것은 아내로 하여금 질투를 느끼게 하는 행동을 하지 말라는 것이다. 이 규정의 유효기간은 아내단수, '잇샤'가 생존할 동안인데, 이는 일부일처제가 아니면 불가능한 것이다. 그래서 구약의 결혼도 일부일처제였다. 하지만 인간은 자신의 욕망을 따라 죄를 지었

제』, 120~140.

24. Cf. 신득일, "소돔의 죄," 『구약과 현실문제』, 66~96.

25. Cf. 신득일, "구약의 동성애 법," 『구약과 현실문제』, 97~19.

다. 다만 하나님께서 이것을 묵과하셨을 뿐이다. 이렇듯 비록 인간이 죄를 지을 지라도 하나님께서는 그분의 약속을 따라 자비를 베풀고 구속의 일을 하신다.

(5) 직업윤리

역사서에 나타난 직업은 다양하지만, 주로 지도자 또는 그들과 관련된 직업 이 언급되었다. 이스라엘은 신앙공동체였기 때문에 결국 직업을 직분으로 봐 도 무방할 것이다. 사회정의를 위한 공직자 윤리와 같은 규범출23:8; 레19:15; 신 16:19~20; 27:19이 언급되어 있는 오경과는 달리, 역사서에는 그런 규범들을 반영 하는 실제적인 진술이나 활동이 나타난다. 공의와 여호와를 경외함으로 다스 리는 왕에 대한 다윗의 진술은 이상적인 왕의 조건을 제시한 것이다삼하23:3~4.

실제로 사회정의를 반영하는 직업윤리를 보여주는 사례가 사무엘의 청렴한 직무수행에 잘 나타나 있다삼상12:3~4. 그는 자신이 이익을 챙기려고 직분을 남 용하지 않았다. 또한 유다 왕 여호사밧의 사법부 개혁은 하나님께서 제시하신 윤리적 원칙을 제시한 것이다대하19:4~11. 다윗 시대에도 이미 많은 재판관이 있 었지만대상23:3~4, 그가 새로운 재판관을 임명한 것은 전문성을 지닌 재판관으로 사법제도를 보완하려는 의미가 있어 보인다. 다윗은 사람을 위해서가 아니라 하 나님을 위해서 재판을 할 것과, 의로운 재판관이 되시는 하나님을 두려워함으로 써 가장 높은 권위를 항상 의식하며 그분의 의로운 속성을 드러내는 재판을 할 것을 명령했다대하19:6~7. 여호사밧도 왕으로서 자신의 직분에 충실했을 뿐만 아 니라 재판관들에게도 높은 직업윤리를 요구했다.

이에 반해 부정적인 직업윤리도 역사서에 여러 가지로 소개된다. 사무엘과 달리 그의 아들들은 뇌물을 받고 판결을 굽게 함으로써 직권을 남용했다삼상8:3. 엘리사의 종 게하시는 엘리사의 종이라는 신분을 이용해 거짓을 지어내어 나아 만 장군에게서 금품을 가로챘다왕하5:22~23. 이보다 치명적인 경우는 홉니와 비느하스에게서 볼 수 있는 직분의 타락이다. 그들은 헌제자의 제물을 가로챔으로써 여호와의 제사를 멸시하는 한편, 회목에 수종드는 여인들과 동침함으로써 가나안의 종교행위를 감행했다삼상2:12~17,22.[26] 그들의 죄는 제물로나 예물로나 영영히 속함을 받을 수 없을 정도로 심각한 것이었다삼상3:14.

본문에서는 그 행위에 관한 평가를 기록하고 있지 않지만, 실제로 직업윤리 문제를 담고 있는 경우도 많다. 미가의 집에 고용된 레위 청년은 단 지파에서도 사역한 적이 있었던 것 같다삿18:3. 따라서 그가 미가의 집에서 우상을 섬기는 것도 그의 직분에 맞지 않는 것이었지만, 그가 단지파의 제안을 받아들여 자신의 후견인을 배신하고 단 지파의 제사장으로 간 것을 보면 그는 영락없는 기회주의자였던 것으로 보인다삿18:19~20.[27] 처음부터 정당하지 않더라도 어쨌든 더 나은 조건의 사역지로 이동하려는 그의 동기가 의심스럽다. 그런데 놀랍게도 이 청년은 모세의 손자 요나단으로 알려졌다삿18:30. 이 경우는 처음부터 잘못된 것이었지만, 일반적으로 사역자의 직업윤리는 소명을 받은 자리에서 충성을 다하는 것이다.

(6) 정치윤리

여기서 정치윤리는 정치권력을 이용하여 자신의 이익을 챙기거나 목적을 달성하기 위해서 하는 행위를 말한다. 아도니야의 반란으로 솔로몬이 정적을 제거한 숙청사업은 당연해 보인다. 하지만 용서받은 시므이를 조건을 위배했다고 제거하는 것은 단지 아버지 다윗의 원한 때문이었다왕상2:44. 그렇다면 당시 다

---

26. 사무엘상 2장 22절에서 '그들이 동침했다'라는 동사는 미완료(yiškᵉbūn)로 쓰여서 그것이 단회적이 아니라 지속적이고 반복적인 행위였음을 가리킨다. 이는 도덕적인 범죄를 넘어서 가나안 종교의 공식적인 봉헌의 행위를 한 것으로 보인다.
27. Block, *Judges, Ruth*, 506.

윗이 시므이를 용서한 것은 정치적인 계산에서 나왔을 뿐이라는 결론이 된다삼하19:23. 또 엘리야는 자신의 편지에서 유다 왕 여호람이 자기 동생들을 정적으로 보고 제거한 것에 관해 지적한다대하21:13.[28] 그는 그 동생들은 무고한 정도가 아니라 '너보다 더 착한 사람들'이었다고 표현했다. 이는 여호람이 그만큼 악한 자라는 뜻이었다. 정치적 숙청과 관련해서 지나친 열심을 보인 예후도 정치윤리의 측면에서 문제를 드러낸다왕하10:23-27. 그는 하나님의 도구로서 바알숭배자들을 척결했지만, 정작 자신은 금송아지를 숭배했다왕하10:29,30.

정치윤리에서 빼놓을 수 없는 사건은 아합과 이세벨이 나봇의 포도원을 빼앗은 사건이다왕상21:1-14.[29] 아합은 이스라엘의 기본질서를 인정했기 때문에 나봇의 포도원을 빼앗을 수 없었지만, 이스라엘의 율법과 전통을 무시하는 이세벨은 아무 거리낌 없이 나봇에게 누명을 씌워 죽였다. 이는 정치권력을 이용해 정당한 시민의 권리를 침해한 전형적인 사례이다. 이 일로 이세벨은 그가 공모했던 그 자리에서 저주스런 최후를 맞이했다왕하9:30~37.

사울이 사무엘을 기다리지 못하고 직접 제사를 지낸 월권행위 역시 직업윤리의 측면에서 볼 수도 있지만, 그가 왕으로서 자신의 권력을 제사장직에까지 확대하려고 했다는 점에서는 정치윤리의 관점에서 평가할 수 있는 사례이다삼상13:9. 이에 관해 존 브라이트도 사울이 제사장직을 찬탈했기 때문에 비난을 받는 것이라고 말했다.[30] 사울은 이방 왕과 같이 제사장적인 왕권priestly king을 시도했던 것이다. 그리고 이때부터 사울은 몰락의 길을 걷게 된다.

---

28. 신득일, "엘리야 서신에 관한 소고," 『구속사와 구약주석』, 192~210.
29. 라이트는 이 사건을 경제윤리와 연관시키기도 한다. Wright, "Ethics," 261.
30. Bright, *A History of Israel*, 192.

(7) 전쟁윤리

전쟁 자체에 대해서도 윤리적인 평가가 필요하겠지만, 여기서는 전쟁을 하는 경우에 지켜야 할 규정과 관련해서만 다루도록 하겠다. 전쟁에는 개인윤리나 사회윤리가 적용되지 않는다. 전쟁은 앞에서 다룬 거짓이나 유인, 살인과 같은 행위가 다 용인된 상황이라고 할 수 있기 때문이다. 그러나 이스라엘은 그런 전쟁 상황에서조차 지켜야 할 율법이 있다신20장.

사사기 후반에 등장하는 베냐민 지파와 이스라엘의 나머지 지파 간의 전쟁은 일어나서는 안 되는 사건이었다삿18-21장. 베냐민 지파는 죄를 범한 기브아의 거민을 보호하려고 해서는 안 되었으며, 이스라엘 또한 베냐민 지파를 무력으로 다스릴 것이 아니라 율법에 따라 징계했어야 했다. 그러나 그들은 감정을 앞세운 채 전쟁을 일으켰고, 결국 이스라엘은 이기고도 후회만 남는 결과를 낳고 말았다삿21:3. 그들은 해서는 안 되는 전쟁을 했던 것이다.

전쟁의 규칙이 잘못 적용된 경우로는 이스라엘 왕 여호람과 유다 왕 여호사밧이 동맹을 맺고 에돔과 함께 모압을 공략하려고 시도했다가 실패한 사건이 있다왕하3:7-27. 당시 이스라엘과 그 동맹군이 모압 왕이 머무는 성을 포위하자, 모압 왕은 칠백 명의 결사대를 구성해 에돔을 치려고 했지만 실패했다. 그런 절망적인 상황에서 모압 왕은 그들의 신인 그모스의 은혜를 구하기 위해 특단의 조치를 취하는데, 그것은 바로 자신을 계승할 세자를 희생시켜서 그모스에게 바치는 인신제사였다왕하3:26.

이 일은 여호와 하나님의 진노를 촉발시켰다. 이에 관해 열왕기는 "이스라엘에게 크게 격노함이 임하매"왕하3:27라고 기록함으로써 이것이 누구의 진노를 의미하는지 알 수 없게 했지만, 사실 내용상 이는 여호와의 진노로 보아야 한다민1:53; 18:5; 대하29:8. 물론 모압의 입장에서는 이스라엘 동맹군에게 내려진 진노가 그들의 신인 그모스의 진노라고 생각했겠지만 말이다. 여하튼 하나님의 진노로 이스라엘 동맹군은 그 성을 눈앞에 두고서도 포위망을 해체하고 퇴각해야 했다. 결국 그 원정은 실패로 끝나고 말았다. 전쟁은 하나님께 속한 것이다삼상17:47.

이 원정이 실패로 끝난 이유는 그들이 두 가지의 전쟁규칙을 어겼기 때문이라고 할 수 있다. 첫째, 이스라엘은 어떤 성을 칠 때 율법의 규정에 따라 먼저 그 성에게 평화를 선언해야 했다신20:10. 그러나 이스라엘은 이런 절차를 무시했다. 둘째, 이스라엘은 그 땅에 '초토화' 작전을 감행하여 그 지역에 있는 모든 나무를 잘라버렸다. 그러나 이는 하나님의 뜻을 명백히 위반한 것이다. "너희가 어느 성읍을 오래 동안 에워싸고 쳐서 취하려 할 때에도 도끼를 둘러 그 곳의 나무를 찍어내지 말라 이는 너희의 먹을 것이 될 것임이니 찍지 말라 밭의 수목이 사람이냐 너희가 어찌 그것을 에워싸겠느냐"신20:19. 이스라엘은 이 같은 전쟁 윤리를 위반했던 것이다.

4. 역사서 윤리의 난제

역사서는 앞에서 다룬 주제 외에도 현대 독자의 관점에서 이해할 수 없는 윤리적인 문제가 많이 나타난다. 본문에서 윤리적으로 문제가 되는 것을 지적할 경우에는 문제가 없지만, 단순히 이야기식으로 서술만 하는 많은 사건들은 숱한 윤리적인 의문들을 자아낸다. 그러나 이런 사건들은 대부분 경우 하나님의 심판이라는 관점에서 이해해야만 한다. 즉 그런 일을 통해서 하나님의 공의를 드러내는 방식을 보여준다는 것이다.

예를 들어, 가나안 정복전은 이스라엘에게는 하나님의 신실하심을 증명하는 것이지만, 가나안 사람들에게는 그들의 죄에 대한 하나님의 심판이 내려지는 것으로 봐야 한다창15:16. 이 전쟁에서 '진멸*hérem*'하여 바치는 것은 가나안의 모든 성읍에 적용되는 것은 아니었지만, 하나님의 진노의 한 유형으로서 가나안의 성읍을 정화시켜 하나님께 드린다는 의미가 담겨 있다. 이는 이스라엘이 죄의 영향을 받지 않도록 하려는 하나의 조치였을 것이다.

또한 유다 지파가 아도니 베섹의 엄지손가락과 엄지발가락을 잘라서 굴욕적인 죽음을 당하도록 한 경우에 있어서도, 아도니 베섹 스스로가 자신이 한 일로 말미암아 하나님의 공의의 심판을 받는 것이라고 증언했다삿1:6~7. 삼손이 옷 삼십 벌을 구하기 위해 아스글론 사람 삼십 명을 죽이고 그 옷을 노략해서 친구들에게 준 행위도 그의 개인적인 보복이자 동시에 사사로서 그의 사역이었다고 볼 수 있다삿14:19.[31] 이에 반해 야엘의 행위는 도덕적으로 애매하다는 평가를 받는다.[32] 그러나 비록 그녀의 행위가 환대관습의 위배, 배신, 거짓, 살인 등 수많은 윤리적인 문제를 야기하지만, 전쟁의 상황에서는 이 모든 것이 정당화된다고 할 수 있다.[33] 오히려 그녀는 이스라엘의 구원자로서 칭송을 받는다삿4:17~22; 5:6, 24~27.

하나님께서는 크고 작은 전쟁에서 이스라엘을 심판의 도구로 사용하셨다. 그런데 여기서 우리는 하나님께서 도덕적 판결자시라는 것과 그분의 공의가 주로 직분자의 행위를 통해 나타난다는 사실을 이해할 필요가 있다. 따라서 구약 역사서가 일어난 사건들을 단순히 서술적으로만 묘사한다고 할지라도, 우리는 그들의 행위를 구약 자체가 제공하는 기준에 의해서 윤리적으로 평가해야 할 것이다.[34]

---

31. K. Lawson Younger Jr., *Judges and Ruth*, The NIV Application Commentary (Grand Rapids, MI: Zondervan, 2002), 305.

32. Younger, *Judges and Ruth*, 149.

33. Jordan, *Judges*, 87.

34. Wright, "Ethics," 267.

5. 나가면서

구약 역사서는 윤리를 언약 중심으로 이해한다. 다만 윤리를 제시하는 방식은 규범적이라기보다 서술적이다. 이는 역사서 자체의 강조점이 윤리 자체가 아니라 인간의 윤리적인 문제에도 불구하고 구속의 약속을 지키고 이루어 가시는 하나님의 신실하심을 보여주는 데 있기 때문이다. 그럼에도 불구하고 역사서는 인간행위의 다양한 윤리적인 문제를 들추어내면서 윤리적인 규범이 어떻게 적용되어야 하는지에 관해 독자로 하여금 고민하도록 만든다. 이런 점에서 구약 역사서에는 그 속에 등장하는 인물들의 행위가 부정적으로든지, 긍정적으로든지 이 시대의 성도들을 깨우치기 위한 본보기로서 삶의 모든 영역에 적용할 수 있는 윤리적인 교훈을 주는 요소가 적지 않다고 말할 수 있다고전10:11.

제7장

칭의와 성화

1. 들어가면서: 칭의와 성화의 개념

'칭의'란 말은 히브리어 동사 '하츠딕*haṣdīq*' *ṣādaq*의 히필, 부정사 독립형과 헬라어 동사 '디카이운*δικαιοῦν*' *δικαιόω*의 부정사, 능동에서 온 것이다. 그 뜻은 '의롭다고 하다to justify'이다. 이 말 자체에는 윤리적인 의미가 담겨 있다. 윤리적인 행위에 대해 의롭다고 칭하기 때문이다신25:1. 그러나 성경에서 가르치는 칭의의 개념에는 윤리적인 행위와는 상관없이 용서의 개념이 들어 있다. 즉 칭의는 믿음으로 의롭다고 인정되는 것으로서 성도의 윤리적인 행위가 아니라 그리스도의 의에 근거를 둔 것이다. 다시 말해 그리스도의 대속의 사역을 믿음으로 받아들일 때 그리스도의 의로 말미암아 의롭다고 인정받는 것이다.[1] 그래서 칭의는 법적인 개념으로서 하나님의 무죄판결을 의미한다.

반면에 '성화'는 교의학적으로 의롭다함을 받은 성도가 그리스도에게까지 자라가는 것을 의미한다. 성화의 근거는 하나님의 거룩하심이다. 즉 하나님께서 거룩하시기 때문에 그분의 백성도 거룩하게 살아야 한다는 것이다. 따라서 의롭다함을 받고 영화glorification에 이르기까지 성화의 길을 가는 성도는 세상의 정욕을 버리고요일2:15-17 경건에 힘써야 한다딤전4:7. 그러나 성화에 있어 경건하게 살려는 성도의 노력이 필수적이지만 그것 역시도 하나님의 일임을 잊지 말아야 한다. 인간이 스스로를 거룩하게 할 수 있는 것이 아니라 삼위 하나님께서 거룩하게 하시는 것이다. 예수님께서도 거룩하게 하시는 것이 성부 하나님의 일임을 알리셨다요17:17. 그래서 성도는 그리스도 안에서만 거룩해질 수 있다고 전1:2. 즉 성화는 그리스도와 더불어 이루어지는 성령 하나님의 사역인 것이다고 전6:11. 구약과 신약에서도 거룩은 하나님과의 관계에서만 이해할 수 있는 개념

---

1. Cf. Herman Bavinck, *Reformed Dogmatics*, vol. 4, 207.

으로 표현되고 있다.[2]

칭의와 성화는 하나님의 구원의 서정을 표현하는 개념으로서 이 둘은 다음과 같은 차이가 있다.[3]

칭의	성화
법적인 신분	내적인 상태
단회적인 사건	지속적인 과정
전적인 하나님의 사역	인간의 참여
이생에서 완전함	이생에서 불완전함
모든 그리스도인에게 동일함	사람마다 차이가 있음

2. 역사서에 나타난 칭의와 성화

(1) 역사서에서의 칭의

1) 역사서에서의 '하츠딕' 개념

구약 역사서에는 칭의라는 뜻을 지닌 용어가 두 가지 상황에서 삼하15:4; 왕상 8:32/대하6:23 나오지만, 교의학적인 의미로 사용되지는 않는다. 일단 그 용어가 법적인 상황에서 쓰였다는 점에서 용례가 같다.

첫 번째 경우는 압살롬이 재판을 받으려고 자기에게 나오는 자에게 '정의를 베풀겠다 wᵉhiṣdaqtiō'라고 한 말에서 발견된다.[4] 이 말은 압살롬이 다윗에게 모반을 일으킬 때 백성의 환심을 사기 위해서 한 말이었다. 당시 다윗이 백성에게

---

2. Bavinck, *Reformed Dogmatics*, vol. 2, 216.
3. Grudem, *Systematic Theology*, 746.
4. 히필, 완료형 와우 계속법, 일인칭, 공성, 단수 + 접속사, 삼인칭, 남성, 단수.

공정한 판결을 하지 못했기 때문에 그가 이런 말을 한 것인지는 몰라도, 압살롬은 자신이 이상적인 통치자로서 자질을 가졌다는 것을 부각시키기 위해서 이렇게 말한 것으로 보인다. 때문에 그가 '정의를 베푼다'라고 말했을 때, 그가 정말로 공의로운 재판관으로서 역할을 하겠다고 말한 것인지 아니면 자신의 정치적 목적을 달성하기 위해 선동적으로 말한 것인지는 알 수 없다. 하지만 이 말은 그에게 나아오는 자의 죄를 묵과하고 의로운 것으로 판결하겠다는 의미는 분명히 아니다. 백성의 입장에서 보면 그것은 정의가 아니기 때문이다. 더군다나 압살롬이 사용한 '의롭게 하다'란 용어는 하나님이 아니라 인간에게 적용되는 것이기 때문에 우리의 논의에서 벗어난다고 하겠다.

두 번째 경우의 '하츠딕'은 솔로몬의 기도에서 발견된다. 그의 기도는 열왕기와 역대기에 기록되었다왕상8:32; 대하6:23. 여기서 전개되는 솔로몬의 기도는 개별적으로 일곱 개의 간구로 나누어지는데, 먼저 인간관계에서 나타나는 불의에 대해 언급한다. 그것은 판결을 위한 간구이기도 하다대하6:22-23. 이 단락의 양식과 내용은 이웃에게 해를 끼치고 고발할 경우 증거에 근거해 정확하게 판결할 것을 요구하는 함무라비 법전의 첫 부분과 유사하다§1.[5] 판결의 상황을 언급한 22절은 본문과 문법에 많은 문제가 있다.[6] 특히 한글성경은 무슨 말인지 이해하기 어렵게 번역되었다.

이와 관련해 여러 학설이 있지만 신뢰할 만한 번역은 이렇다. "만일 어떤 사

---

5. Hammurabi, *Codex Hammurabi: Textus Primigenius*, E. Bergmann (ed.) (Roma: Pontificium Institutum Biblicum, 1953), 4.

6. "만일 어떤 사람이 죄를 범하면"에서 조건문을 이끄는 접속사('임')를 열왕기 본문에서는 "~할 경우에"('에트 아쉐르')라는 다른 조건문을 사용했다. 역대기가 문법적 단순화를 선택했다고 하겠다. 이 전의 여러 히브리어 사본은 '부담을 지우다'를 의미하는 '나샤' 대신에 '들다'를 의미하는 '나사'를 썼다. 문법적으로 '알라'가 두 번 쓰인 것은 기본 개념을 강조하기 위해서 어원이 같은 동사와 목적어를 반복하는 용법(figura etymologica)이다. '들어오다(*bō*)'와 '맹세하다('*ālā*)'의 관계는 후자를 부사, 부정사 독립형 등으로 다양하게 이해할 수 있겠으나, 가장 무난한 이해는 이 두 동사를 접속사가 없이 연결된 구조(asyndetic)로 이해하는 것이다. 이 구절에 대한 자세한 논의에 대해서는 멀더의 주석을 참고하라. Mulder, *1 Kings*, 419~424.

람이 그의 이웃에게 죄를 지어서 그이웃가 그에게 자신을 저주하도록 저주의 맹세를 하게 하고 그가 이 성전에 있는 제단 앞으로 와서 맹세하거든"22절. 여기서 솔로몬이 언급한 사건은 사람이 죄를 지었지만 증명할 수 없는 경우에 해당한다. 가해자는 다른 사람에게 피해를 입혔지만 증거가 없으면 두 사람 다 어려운 상황에 봉착하게 된다. 그래서 율법에 따라 맹세함으로써 하나님 앞에서 문제를 해결하려고 하는 것이다출22:10~11. 피해자의 입장에서 가해자에게 자기 저주에 맹세하도록 하는 것이 어느 정도 가혹한 것인지는 알 수 없다. 그리고 여기서 '자기 저주'라는 것은 결국 자신의 확실한 결백에 대해서 맹세하는 것이다.[7]

솔로몬은 이런 맹세를 하나님 성전의 제단 앞에서 할 때 하나님께서 공정하게 판결해 주시도록 간구했다. "그 행위대로 그 머리에 돌리시고"라는 표현에서 '그의 머리에 돌리다*nātan bᵉrōšō*'란 말은 전체의 한 부분을 가리키는 셈어의 용법으로, 곧 '사람'을 나타내며,[8] 이는 문자적으로 '자신이 그 결과를 거두다'라는 뜻이 된다겔9:10; 11:21; 16:43; 17:19; 22:31. 성전에서 맹세하는 것은 인간 법정에서 해결할 수 없는 것을 하나님께서 그분의 공의에 따라 판단해 주시라는 것이다. 물론 솔로몬이 의도한 하나님의 의로운 판결은 의인이 의롭다고 인정받는 것이었다. 이렇게 솔로몬의 기도는 하나님의 공의로운 판결을 구했을 뿐, 신약과 교의학에서 말하는 '의롭다고 선언하다'라는 칭의 개념을 보여주지는 않는다. 하지만 그럼에도 역사서에서는 '하츠딕'이 신약과 같이 법적인 개념으로 사용되었다는 것을 알 수 있다.

---

7. 클라인은 '결백의 맹세'라고 했는데, '자기 저주의 맹세'를 하는 것은 '결백의 맹세'보다 강한 의미가 있다. Klein, *2 Chronicles*, 93; *HALOT*, 728.

8. H. P. Müller, "שרא," *THAT* II, 705. 아카드어 '머리(*rēšu*)'는 환유법으로 신이나 사람 '자신'을 가리키기도 한다. *CAD* r, 279.

2) 칭의의 전제: 하나님의 공의

앞서 말했듯이, 역사서에는 교의학적 또는 신약적인 의미에서 믿음으로 의롭게 되어 구원받는다고 하는 칭의의 개념도, 용례도 없다. 아무런 자격이 없는 이스라엘 백성이 하나님의 언약의 파트너가 된다는 것이 하나님의 공의에 부합하는 상태가 되는 것이지만, 이것이 믿음으로 의롭게 된다는 법적인 개념인 칭의와 같은 것은 아니다. 구약은 항상 이스라엘이 하나님의 언약 백성으로서 언약에 신실하게 살아갈 것을 요구한다. 이는 개인이나 민족 공동체에 모두 적용된다. 따라서 이스라엘은 하나님과 특별한 관계에서 거룩한 삶을 살아야 했다. 그러나 그들의 역사는 전반적으로 배교의 역사였음을 보여준다. 이런 점에서 역사서는 언약에 불충한 백성 가운데서 공의로우신 하나님께서 어떻게 그분의 약속을 신실하게 지키는가를 보여주는 이야기라 하겠다.

역사서는 하나님의 구속사가 전개되는 현장을 보여준다. 그 가운데서 이방인이 개인적으로 구원받는 것은 이스라엘의 하나님과 그분의 언약을 받아들이는 것이지, 그들이 법적으로 의롭다고 인정받는 것이 아니다. 앞에서 보았듯이, 라합과 룻의 경우는 하나님의 특별한 선택을 받아서 구원을 얻었다고 말할 수 있다. 그러나 성경은 그들이 의롭다함을 입었다고 말하지 않는다.

옛 언약시대는 하나님의 백성이 어떻게 공의로우신 하나님의 표준에 맞추어 사는가에 관심이 있었다. 구약 역사서 또한 하나님을 공의로운 분으로 제시하는 한편느9:33, 그분의 공의에 반하는 행위에 대해서 하나님의 공의로운 심판이 내려진다는 것을 보여준다삼하22:21; 23:3; 대하6:23.[9] 이방인에 대한 심판도 하나님의 공의에 따라서 행해진다삿5:11. 이스라엘이 앗수르에 멸망당하고 유다가 바

---

9. 여로보암의 경우는 그의 배교행위와는 달리 하나님의 일방적인 호의를 입었다(왕하14:23~27). 이 사실은 하나님의 공의는 기계적으로 적용되는 것이 아님을 보여준다. 그것은 언약이 복과 저주라는 양면성을 지니지만, 은혜가 더 크게 나타나는 것과 같다. 그 이유는 언약이 약속과 맞물려 있기 때문이다.

벨론의 침략을 받아서 포로로 잡혀간 것도 하나님의 공의로운 심판에 의한 것이었다느9:33.[10]

역사서에서 백성이 하나님의 공의로운 심판에서 벗어나기 위해서는 마음으로 회개하고 주께로 돌아와야 했다왕상8:33~34. 그것은 성전에서 드리는 제사를 동반하는 것으로서 하나님의 공의를 제의적으로 충족시키는 것이었다. 다윗이 인구조사로 말미암아 심판을 받고 하나님의 용서를 구할 때, 그는 번제와 화목제를 드리며 그 땅을 위해서 간구했다삼하24:25. 인간에게는 의가 없기 때문에 하나님의 의를 충족시키기 위해서는 의가 외부로부터 와야 한다. 그래서 역사서는 앞으로 이 땅에 오셔서 의를 이루시고, 또 그분의 의를 자기 백성에게 전가하심으로써 용서와 회복을 이루시는 '예표된 칭의'를 보여준다. 이처럼 역사서는 법적으로 용서받는 것을 분명하게 말하지 않고, 대신에 제사의 개념으로 온 이스라엘이 용서받는 속죄와 회복에 관해 언급한다대하29:33; 느10:33. 이는 개인의 구원을 말하는 것이 아니며, 평생에 한번밖에 없는 단회적인 사건을 의미하는 것도 아니다.

정리하자면, 교의학이나 신약에서 말하는 칭의 개념은 그리스도의 대속의 죽음과 부활로 완성된 구원사역의 단계에서 적용되는 것일 뿐, 옛 언약의 백성들에게는 그대로 적용되지 않는다. 오히려 "신약에서는 인간의 칭의를 부각시키고, 구약에서는 하나님의 공의를 부각시키는 데서 차이가 있다."[11] 왜냐하면 구약의 계시가 신약의 계시의 완성을 향해서 진행하는 과정이기 때문이다. 또한 역사서에는 왜 그리스도의 의가 필요한지를 보여주는 내용으로 가득 차 있다.

---

10. 휴튼(Hutton)은 '칭의'는 이스라엘이 죄로 말미암아 깨어진 역사의 연속성이 어떻게 회복되는가를 경험하는 상징적인 용어라고 했다. Rodney R. Hutton, Innocent or Holy?: Justification and Sanctification in Old Testament Theology, *Word & World* 17 (1997) 320.

11. Christoph Levin, Altes Testament und Rechtfertigung, *Zeitschrift für Theologie und Kirche*, Bd. 96 (1999) 169.

왜냐하면 하나님의 백성은 하나님의 공의가 충족되는 상태에서 온전한 교제를 나누기 위해 완전한 의가 필요하기 때문이다. 그러므로 역사서에 나타난 하나님의 공의는 그리스도를 통한 칭의의 전제가 된다고 하겠다.

(2) 역사서에서의 성화

1) 역사서에서의 성화의 개념

"성화는 우리를 점점 죄에서 자유롭게 하고 우리의 실제 삶에서 그리스도와 같이 되는 하나님과 인간의 점진적인 사역이다."[12] 칭의가 상태와 관련된다면, 성화는 성격 및 행위와 관련된다. 또한 칭의는 하나님께서 우리를 위해서 하신 일인 반면, 성화는 하나님께서 우리 속에서 하신 일이다. 그리고 칭의가 하나님과 적법한 관계에 들어가게 하는 것이라면, 성화는 그 관계의 열매를 보여주는 것이다.[13] 마지막으로 칭의가 하나님의 공의를 만족시키는 것이라면, 성화는 그분의 거룩함에 부합하는 삶이다.

율법에서는 이스라엘 백성에게 거룩한 삶을 살 것을 요구한다. "너희는 거룩하라 이는 나 여호와 너희 하나님이 거룩함이니라"레19:2. 성화란 말은 히브리어로 '거룩하게 하다'란 뜻을 지닌 '키데쉬*qiddeš* *qādaš*의 피엘이다. 따라서 하나님의 백성의 성화는 거룩하게 하는 행위를 표현할 때 사용한다. 그런데 이 단어는 전통적으로 '자르다' 또는 '분리하다'를 의미하는 '카드*qad*'에서 왔다고 생각하여, 거룩함을 분리의 개념으로 번역하는 경우가 많다.[14] 한글성경도 이 단어를 번역할 때 '거룩하게 구별하여'라는 표현을 여러 곳에서 쓰고 있다출13:2; 레11:44;

---

12. Grudem, *Systematic Theology*, 746.
13. William Evans and S. Maxwell Coder, *The Great Doctrines of the Bible*, Enl. ed. (Chicago: Moody Press, 1974), 164.
14. *HALOT*, 1072.

삼상7:1; 왕상8:64. 그러나 거룩함의 어원적 의미를 결정할 수 없을 뿐 아니라, 그것을 단순히 거리감으로 정의할 수도 없다. 만일 거룩함을 세속과 나누어진다는 분리 개념으로 설명한다면, 창조나 타락 이전에 있었던 하나님의 거룩한 속성에 관해 설명할 길이 없게 된다. 따라서 거룩함은 하나님의 영광에 부합하는 속성으로만 이해할 수 있을 뿐이다시99편.

역사서에서 성화에 해당하는 '거룩하게 하다'란 말은 사람이나 시간 또는 사물을 제의 규정에 따라 거룩한 상태로 만드는 것을 말한다. 예를 들면 다음과 같은 경우들이 있다. 먼저 아간을 처치하고 거룩한 전쟁을 준비하는 날을 위해서 여호수아와 백성은 스스로 거룩해져야 했다수7:13. 또 기럇여아림 사람들이 아비나답의 아들 엘르아살을 거룩하게 한 것은 언약궤를 율법에 따라 다루기 위함이었다삼상7:1. 사무엘 역시 다윗에게 기름을 붓기 위해서 이새의 아들들을 거룩하게 하고 제사에 청했다삼상16:5. 솔로몬이 여호와의 전의 앞뜰 가운데를 거룩하게 한 것은 이전에는 그곳이 하나님께 제사를 드리기에 합당하지 않았기 때문이다왕상8:64; 대하7:7. 한편 예후는 바알의 추종자들을 척결하기 위해서 거짓으로 대회를 거룩하게 개최하라고 했었다왕하10:20. 히스기야도 레위인들에게 거룩하라고 명했는데, 이는 성전청결을 위한 것이었다대하29:5. 느헤미야가 레위인들에게 안식일을 거룩하게 하라고 했던 것도 제의와 관련된 것이었다느13:22.

이상에서 볼 수 있듯이, 역사서에서 '거룩하게 하다'란 말은 직접적으로든 간접적으로든 제의와 관련해서 사용되었다. 이런 헌신의 개념이 신약에도 그대로 적용되어서 구원받은 성도의 삶을 자신을 거룩한 산 제물로 드리는 것으로 표현하는 것이다롬12:1.

2) 역사서의 성화의 양상

역사서에는 구원의 과정으로서의 성화에 관해 분명하게 말하지 않는다. 오히려 그것은 선택받은 이스라엘 백성의 마땅한 삶의 모습으로 나타난다. 방대한 역사서에서 말하는 성화는 크게 하나님의 일과 인간의 일이라는 두 가지 측면으로 살펴볼 수 있다.

① 하나님의 일: 구속사

인간의 구원이 하나님의 일이라면 백성의 성화도 하나님의 일이 되어야 한다. 하지만 역사서에서는 신약에서 말하는 것처럼살전5:23; 히10:10; 벧전1:2 백성이 거룩하게 되는 것을 하나님의 일이라고 분명하게 말하지는 않는다. 그럼에도 역사서에 나타난 하나님의 모든 일은 백성의 성화를 위한 것이었다고 말할 수 있다. 즉 이스라엘이 믿음 안에서 자라가도록 하려는 데 목적이 있었다는 것이다.

하나님의 이런 목적은 역사서 초반부터 나타난다. 예를 들어, 하나님께서 여호수아를 합법적인 지도자로 인정하신 것과 이스라엘이 요단강을 마른 땅과 같이 건넌 후 그곳에 열두 돌을 두도록 하신 것은 백성과 그들의 후세대가 믿음에서 자라가도록 하려는 것이었다. 또한 여리고를 재건하지 못하도록 하신 것도 그들로 하여금 은혜와 심판의 복음을 깨닫고 하나님을 의지하도록 하려는 것이었다.[15] 가나안 땅 역시 하나님의 선물로 주어진 것으로서, 이는 이스라엘로 하여금 그 땅에 살면서 언약에 충실한 삶을 살도록 하려는 것이었다수24:1~13.

사사기에 나타난 이방 민족을 통한 하나님의 심판 및 사사를 통한 구원도 백성의 성화를 위한 것이었다. 특히 끊임없이 반복되는 이스라엘의 배교와는 대조적으로 변함없는 하나님의 신실하심이 그 성화의 근거가 되었다. 하나님의 심판은 이스라엘 백성을 멸망시키려는 것이 아니라 그들의 성장을 위한 징계였기 때문에, 그들은 그런 고통 가운데서 자신의 죄를 깨닫고 회개하고 믿음으로

---

15. 신득일, 『구속사와 구약주석』, 186.

자라야 했다. 한편 사사시대를 배경으로 한 룻기는 혼돈과 영적 침체의 시대에 인류를 구원할 메시아가 오신다는 메시지를 주면서 백성의 믿음을 격려한다.

사무엘서가 기록하는 구속사는 왕의 통치를 통해 이스라엘 백성이 하나님 나라에 대한 전망을 바라보도록 한 것이다. 하나님께서는 특히 직분을 통해 그분의 나라를 세우시고 구속의 일을 행하셨다. 그중에서도 사무엘서의 주인공인 다윗의 삶은 성도의 성화가 무엇인지 잘 보여준다. 다윗은 사울과 달리 많은 시련을 겪은 후 왕이 되었다. 물론 그 과정에서 다윗 역시 많은 실수를 했지만, 그것이 오히려 그의 영적성장에 디딤돌이 되었다. 이것을 일종의 성화의 과정으로 볼 수 있다. 다윗은 이스라엘의 이상적인 왕으로서 그의 통치를 통해 하나님의 공의와 자비를 보여줌으로써 백성들이 하나님을 경배하며 살도록 격려했다삼하 6장; 대상29장. 무엇보다도 하나님께서 다윗을 위한 집, 다윗의 씨, 다윗의 왕국, 다윗의 후손으로 오실 하나님의 아들을 약속하신 것은 그 나라가 영원히 존속할 수 있는 확고한 근거가 된다삼하7:11~16. 신정국가로서의 이스라엘의 모습도 다윗이 고백한 대로 하나님께서 행하신 일이었다대상29:14.

왕의 통치를 기록한 열왕기는 하나님의 기대와는 달리 어떤 왕도 무고하지 않다는 것을 보여준다cf. 왕상8:46. 심지어 선한 왕의 원형인 다윗조차도 완전하지 않았다왕상15:5. 이렇듯 이스라엘과 유다 왕들이 예외 없이 결함이 있었음을 보여줌으로써 그들에 대한 하나님의 호된 심판을 정당화한다. 한편 하나님께서는 인간 왕권의 한계를 노출시키시며 다윗 왕조를 따라서 올 영원한 왕을 기대하도록 하신다. 즉 심판은 단순한 끝이 아니라 다음 단계로 성장하기 위한 징계라는 것이다. 이는 열왕기 말미에서 합법적으로 유다의 마지막 왕이었던 여호야긴이 37년 만에 석방되어 높아지는 것에서 다시 확인된다왕하25:27~30.[16] 그는

---

16. "이 역사적 사건은 놀랍게도 바빌로니아의 배식 명판에서 확인되었는데, 이는 유다 왕 야우킨(Yaukin)을 언급한다." 알프레드 J. 허트 외, 『고대근동문화』, 신득일, 김백석 역 (서울: CLC, 2012), 91.

하나님께서 그분의 백성을 버리지 않으신다는 약속의 성취이자, 그를 통해 그리스도의 계보가 이어진다마1:12. 이렇듯 하나님께서는 심판을 통해 이스라엘의 믿음을 정화하고 새로운 공동체를 준비하셨다. 즉 이스라엘의 성화를 위해 끊임없이 일하셨던 것이다.

에스라-느헤미야서, 에스더서 또한 하나님께서 제국을 통치하시면서 약속하신 대로 그분의 백성의 보존과 성장을 위해서 일하시는 분으로 기록한다. 비록 외적으로는 초라할지라도 내적으로는 정화된 백성으로서, 이스라엘은 이상적인 예배 공동체의 모습을 갖추어 간다. 이 모든 과정이 하나님께서 이스라엘의 성화를 위해서 일하시는 모습을 보여준다.

② 인간의 일: 언약에 대한 순종

역사서에서 성화라는 용어는 대체로 제의와 관련되었지만, 그 개념만큼은 제의에 한정되지 않았다. 제의는 백성이 거룩한 삶을 사는 데 원동력을 제공했을 뿐만 아니라 그 삶의 중심을 차지했다. 한 마디로 이스라엘은 제의에서 하나님과의 관계를 회복하고 제의를 통해서 하나님을 섬겼다. 즉 거룩한 삶은 제의에서 출발했다고 할 수 있다. 그러나 역사서는 대체로 '거룩하게 하다'라는 말을 전체 백성에게 적용하지 않고 레위인과 같이 제의적 봉사를 하는 사람들에게만 적용했다. 따라서 백성에게 거룩한 삶을 살도록 요구하는 내용은 제의보다는 더 큰 틀에서 보아야 한다. 그리고 무엇보다 그 거룩한 삶은 언약에 대한 순종을 강조하는 데서 나타난다. 물론 거룩함이 곧 순종은 아니지만, 순종하지 않으면 거룩한 삶을 살 수 없었다.

따라서 역사서에는 하나님과 맺은 언약관계를 중요시하고 그 관계를 유지하기 위한 언약적 임무를 요구하는 내용으로 가득 차 있다. 한 마디로 그들에게는 언약에 순종하는 삶을 사는 것이 곧 성화의 길을 걷는 것이었다. 그런데 여기서 언약에 대한 순종은 기본적으로 여호와를 경외하는 것은 물론 우상숭배를 금지하는 것과 다른 모든 도덕률을 포함하기 때문에, 신약에서 강조하는 거룩한 삶을 포괄적으로 표현한 것으로 볼 수 있다.

역사서의 첫 번째 책인 여호수아서는 율법을 지킬 때 언약의 복을 주시겠다는 약속수1:8~9과 할례를 통한 언약의 갱신을 소개한다수5:2~7. 이는 하나님께서 치르실 거룩한 전쟁을 위해 가장 중요한 절차가 되었다. 뿐만 아니라 여호수아서는 약속의 땅을 점령한 것은 전적으로 하나님의 은혜로 말미암은 것이라고 시인하면서, 이스라엘 백성과 더불어 하나님께서 굳건한 언약을 맺으시는 것으로 마무리한다수24장.[17] 이에 반해 사사기는 언약에 신실하신 하나님과 언약에 불충한 이스라엘을 대조시킨다삿2:1~2,20. 하나님께서는 징계를 통해 이스라엘이 언약으로 돌아오도록 시험하셨다삿3:4. 이에 이스라엘은 언약으로 돌아와 순종하면서 성화의 길을 걸어야 했지만, 거듭된 불순종으로 사사기의 역사를 장식했다.

열왕들의 역사도 언약에 대한 순종과 불순종으로 평가된다. 언약에 신실하여 율법을 잘 지킨 왕은 언약의 복을 보장받았다왕상9:4; 왕하23:3; 대하34:31~32. 심지어 언약에 충성하기만 하면 여로보암도 다윗의 보좌와 같은 영원한 왕권을 얻을 것이라는 약속을 받기까지 했다왕상11:38. 하지만 반대로 언약에 불충한 왕은 언약의 저주를 초래할 수밖에 없었다삼상15:22~23; 28:18. 이러한 열왕들의 행적을 알고 있었던 이스라엘은 그들의 역사를 은혜로운 하나님의 언약을 거역한 역사로 평가하기도 했다느9:34~38.

---

17. 이 본문에서의 언약체결은 단호한 데가 있다. 여호수아는 백성에게 섬길 자를 택하라고 다잡고는(14~15절), 백성이 여호와를 섬기겠다고 했을 때, 다시 한 번 충성맹세를 유도했다(19~20절). 그리고 백성 모두가 그 언약의 증인이 되었음에도, 여호수아는 그 사건을 기록하여 언약의 변개가 없도록 대비하고 돌을 세워서 증거로 삼았다(26절). 한글번역에는 율법책에 '말씀'을 기록했다고 했지만, 이 경우 히브리어 dābar는 사건, 즉 언약을 맺은 '사건'으로 번역하는 것이 타당해 보인다.

이렇듯 역사서는 개인과 공동체의 성화를 논할 때 언약에 대한 순종을 기본으로 한다. 그 순종은 회개를 통해 돌이키는 것으로 나타나기도 하고, 개혁을 통한 율법준수로 나타나기도 한다. 여하튼 하나님께서는 백성이 언약에 순종함으로써 하나님을 경외하는 가운데서 언약의 복을 누리기를 원하셨다.

그런데 여기서 '너희는 거룩하라' 또는 '여호와께 돌아오라'는 말은 인간의 일이긴 하지만, 이것이 순전히 자연적인 상태에서 요청된 것이 아니라는 점을 알아야 한다. 하나님께서 순종을 요구하신 대상은 하나님과 율법을 모르는 이방인이 아니라 먼저 은혜를 받은 언약 백성들이었다. 따라서 그들이 언약에 순종하는 것은 하나님의 놀라운 은혜에 대한 마땅한 반응일 뿐이지 그들의 공로로 인정될 일은 아니다.

3) 역사서에서 칭의와 성화의 관계

칭의와 성화는 성격상 서로 다르지만, 이 둘은 서로 배타적이지 않고 밀접한 관계에 있다. 그 이유는 칭의와 성화가 한 하나님의 속성에서 비롯된 것이기 때문이다. 곧 칭의는 하나님의 공의에 맞추는 것이고, 성화는 하나님의 거룩함에 맞춘 것이다. 따라서 하나님의 속성이 나누어질 수 없듯이, 칭의와 성화도 나누어질 수 없다.[18]

그런데 이 두 개념이 불가분의 관계에 있다고 해서 역사서가 칭의와 성화를 구원의 서정으로 제시하지는 않는다. 왜냐하면 역사서에서 보여주는 칭의와 성화는 이미 구원받은 언약 백성에게 적용되기 때문이다. 다시 말해, 역사서에서는 의로운 자에 대한 의로운 판결을 '칭의_{의롭다 하다}'라고 규정한다. 그래서 신약에서 말하는 것처럼, 칭의가 먼저 이루어지고 성화가 뒤따른다고 말할 수 없

---

18. Cf. Bavinck, *Reformed Dogmatics*, vol. 4, 249.

다. 오히려 역사서는 성화의 길을 온전히 걸어가는 사람에 대해서 '의롭다고 하다칭의'라는 표현을 적용한다.[19]

물론 하나님과 언약을 맺는 것이 성화를 위한 출발점이 되고 또 그것이 하나님과 합법적인 관계에 들어가는 것이 되지만, 그것을 전적인 하나님의 일로 정의된 칭의라고 표현하지는 않는다. 왜냐하면 언약은 법적인 성격을 지닌다고 할지라도, 인간 편에서 파기해서 무효화할 수 있는 것이기 때문이다. 따라서 굳이 순서를 정하자면, 역사서에서는 성화가 먼저 오고 '칭의'가 뒤따른다고 말할 수 있다. 이 사실은 신약의 성도가 새 언약시대에 더 안전하고 풍성한 복을 받아 누리고 있음을 보여준다.

3. 나가면서

구약 역사서는 칭의와 성화에 대해서 신약이나 구약의 다른 부분처럼 분명하게 말하지 않는다. 오히려 역사서에서의 칭의는 믿음의 출발점이 아니라 언약에 온전히 충성된 의인에게 적용된다. 하지만 역사서에서도 하나님의 공의를 충족시키지 못하는 이스라엘 백성의 삶을 통해 그리스도의 의로써 구원을 받는 칭의를 요청하고 있다고 말할 수 있다.

성화 역시 역사서에서는 제의와 연결되기도 하지만, 무엇보다 그 개념은 언약에 순종하는 것으로 나타난다. 언약 백성은 율법을 지킴으로 하나님과 은혜

---

19. 사무엘과 같은 상태가 여기에 해당한다. "내가 여기 있나니 여호와 앞과 그의 기름 부음을 받은 자 앞에서 내게 대하여 증언하라 내가 누구의 소를 빼앗았느냐 누구의 나귀를 빼앗았느냐 누구를 속였느냐 누구를 압제하였느냐 내 눈을 흐리게 하는 뇌물을 누구의 손에서 받았느냐 그리하였으면 내가 그것을 너희에게 갚으리라 하니 그들이 이르되 당신이 우리를 속이지 아니하였고 압제하지 아니하였고 누구의 손에서든지 아무것도 빼앗은 것이 없나이다 하니라"(삼상12:3~4).

의 관계를 유지하는 데서 그들의 믿음이 자라고 복을 누리게 된다. 한편 언약에 대한 순종으로 나타나는 성화는 그 과정이 전체적으로 하나님의 은혜에 기초하며, 인간의 순종은 그 은혜에 대한 마땅한 반응으로 나타난다. 그래서 성화도 본질적으로 하나님의 일이 된다. 역사서에서의 성화를 설명하기 위해 언급된 언약에 대한 순종은 새 언약의 성도가 성화의 길을 걷는 데도 그대로 적용된다.

역사서에서는 순서상 성화가 칭의보다 앞선다. 물론 역사서에서는 이 둘을 구원의 과정으로 언급하지는 않는다. 하지만 이 두 개념의 관점에서 역사서를 살피는 것은 신약의 성도들에게도 큰 유익을 줄 수 있다. 그것은 무엇보다 새 언약의 성도가 더 안전하고 풍성한 구원의 은혜를 누리고 있다는 것이다.

제8장

영성

1. 들어가면서

영성이란 문자적으로 물질적인 것과 구분되는 영적인 성격을 의미한다. 이 말 자체는 다양한 의미를 지니지만, 그것이 하나님께 적용될 때는 하나님 자신이 영이시기 때문에 하나님의 다양한 속성을 가리킨다. 반면 그것을 사람에게 적용시킬 때는 명상이나 무념무상의 상태에서 자신의 내면세계를 추구하는 것이라 할 수 있는데, 성경적으로는 그것을 영성이라고 하지 않는다. 오히려 성경이 말하는 영성은 인간 자신의 내면으로부터 나오는 자질이 아니라 밖에서 오는 능력을 부여받을 때 나타나는 인격적인 자질을 의미한다. 즉 그것은 성령의 능력에 의한 것이다.

성경적인 입장에서 기독교 영성은 사전적으로 "신자들이 삶에서 하나님의 능력과 임재를 경험하는 하나님의 영에 의해서 생성되고 양육되는 삶의 자질이다. 진정한 영성은 성령의 지배하에 생활함으로써 생겨나며 성령의 열매, 영적 성숙과 성결의 성장으로 입증된다."[1]라고 정의한다. 그러나 이것은 신약적인 의미에서 정의하는 영성이다. 구약 역사서에서는 이러한 정의를 설명하기가 어렵다. 왜냐하면 구약에서 성령의 임재와 역사는 개인의 영적인 변화나 성숙과는 무관하게 직분을 수행하는 것과 관련이 있기 때문이다.[2] 그럼에도 영성이 하나님과 관계 속에서 교제하는 전인격적인 삶을 의미한다면, 이와 관련해 먼저 하나님과 관계를 가지는 몇 가지 측면을 고려해 볼 수 있다. 그것은 하나님과 대화하는 기도, 하나님의 말씀에 대한 태도, 하나님을 높이는 찬양 그리고 그 인격적 자질이 드러나는 믿음의 행위 등이다. 이런 것들은 영성을 형성하고 유지

---

1. Martin H. Manser, *Dictionary of Bible Themes*: The Accessible and Comprehensive Tool for Topical Studies (London: Martin Manser, 2009).
2. 이 부분에 대한 상세한 설명은 제4장 "성령" 부분을 참고하라.

하며 자라게 하는 요소가 된다. 따라서 이 장에서는 역사서에 등장하는 수많은 인물들 중에서 두드러진 몇몇 인물과 공동체에 한해 영성의 이런 측면들을 선별해 다룰 것이다.

2. 기도

(1) 야베스의 기도대상4:10

역대기의 족보에서 야베스의 기도가 언급된 구절 다음 몇 줄 뒤에 옷니엘에 대한 기사가 나오는 것은대상4:13, 야베스가 사사시대 초기에 살았던 사람임을 암시한다. 그 시대는 가나안 땅을 정복하고 그 땅을 분배한 후, 각 지파가 선한 싸움을 통해서 기업을 확장하고 그 지역에 대한 영유권을 행사하도록 사명을 받은 때였다.

야베스가 한 기도는 복을 달라는 것이었는데, 그 내용은 세 가지로 구성된다.[3] 곧 '영역을 넓히는 것'과 '주의 손이 함께 하는 것' 그리고 '환난에서 벗어나서 고통을 제거하는 것'이었다. 이 세 가지의 내용은 영적이기도 하고 실제적이기도 하다. 하지만 이것들은 서로 별개의 것이 아니라 아주 밀접하게 관련된 것들이었다.

먼저 영역을 넓히는 것은 그 시대에 각 지파에게 주어진 사명이었다. 지파들이 땅을 분배받았지만, 그 지역을 차지하기 위해서는 거룩한 전쟁을 통해 가나

---

3. 개역성경은 "내게 복에 복을 더하사"라고 번역했고, 개역개정은 "내게 복을 주시려거든"이라고 번역했다. 그런데 여기에는 기원문을 나타내는 접속사와 함께 강세를 의미하는 부정사 독립형이 함께 쓰였다(임-바렉 터바라케니, *'im~bārēk tᵉbārᵃkenî*). 따라서 이는 "내게 정녕 복을 주시려거든"이라고 번역하는 것이 좋다. 여기서 문법적으로 *'im*은 단순히 조건을 나타내는 '만약'이 아니라 기원을 나타내는 용법이다. 그래서 전체 문장은 '~해주면 좋을 텐데'라는 의미가 된다(GK § 152e).

안 사람들을 쫓아내야 했다. 이는 단순히 자신들이 정착할 처소를 마련하는 것이었을 뿐 아니라 하나님 나라를 확장하는 일이었으며, 하나님의 약속이 성취되는 과정이었다. 즉 거룩한 전쟁을 통해 이방신에게 바쳐졌던 땅을 하나님께 영광을 돌리는 땅으로 변화시키는 사명을 완수하는 것이었다.

야베스가 하나님의 손이 함께 할 것을 구한 이유는 그의 사명이 하나님의 능력으로만 완수할 수 있는 것이었기 때문이다. 이스라엘의 전쟁은 군사적인 힘으로 치르는 것이 아니었다. 그것은 하나님의 전쟁이었다. 따라서 이 전쟁에서 이스라엘이 할 수 있는 것은 아무 것도 없었다. 그들 스스로는 이 전쟁을 수행할 수 없었다. 다만 이스라엘이 할 수 있는 것은 믿음으로 전쟁에 참여하여 하나님의 승리를 맛보는 것이었다.

그런데 만일 이스라엘이 이 전쟁을 잘 수행하지 못한다면, 그들은 환란을 당할 수밖에 없었다. 사사시대가 온 이유도 바로 이 때문이었다. 즉 지파별로 그 땅의 거민들을 쫓아내지 못하고 그 땅에 대한 영유권을 행사하지 못했기 때문에 그들은 가나안 사람들의 영향을 받을 수밖에 없었고, 그 결과 종교적으로, 도덕적으로 타락했던 것이다삿1,17~21장. 야베스가 환란에서 벗어나 고통을 면하게 해달라고 구한 것도 이런 상황에서 이해할 수 있다. 즉 이스라엘의 대적이 되는 가나안 사람들에게 당하는 고통에서 벗어나게 해 달라는 기도였던 것이다.

사사기 1장이 이를 잘 보여주는데, 여기에는 각 지파가 배정받은 땅에서 가나안 주민을 몰아내고 그 지역의 영유권을 행사하라는 사명을 받았음에도 이런 저런 이유로 그 일에 실패하고 안주한 여러 가지 경우가 소개되어 있다. 하지만 그들이 실패한 유일한 이유는 그들의 불신앙 때문이었다. 사사시대가 도래한 이유도 이렇게 불신앙으로 주어진 사명을 감당하지 못했기 때문이다. 이런 상황에서 야베스는 자신을 위한 이기적인 기도가 아니라 하나님의 뜻에 맞는 하나님 나라를 위한 기도를 한 것이다. 그러므로 야베스의 기도는 우리가 '나라가 임하옵소서'라고 기도해야 하듯이, 하나님 나라를 구하는 이상적인 기도라고 할 수 있다.

(2) 한나의 기도 삼상1:10~11

한나의 기도는 단순히 자신의 개인적인 인생문제를 극복해보려는 한 여인의 이기적인 기도가 아니라 이스라엘 백성의 미래를 걱정하는 경건한 여인의 기도였다. 한나의 가족은 사사시대에 에브라임 산골에서 실로까지 정기적으로 하나님께 경배를 드린 가족이었다. 즉 그녀는 무법한 사사시대의 시대적 조류에 편승하지 않고 율법을 좇아 살았던 것이다. 이런 행동 자체에서 그녀의 믿음을 확인할 수 있다. 그녀의 기도는 우발적으로 억울함을 호소하는 기도가 결코 아니었다. 그보다 이 기도는 자신의 간절한 소원인 동시에 하나님의 뜻을 구하는 기도였다. 이는 그녀가 처음으로 하나님을 '만군의 여호와'라고 부르는 데서도 알 수 있다. 그런데 여기서 주의해야 할 점은 그녀가 여호와께 남자 아이를 구했다는 것이다. 물론 한나가 대를 이을 남자 아이를 구했던 것은 아니다. 그보다 그녀는 힘을 가진 남자, 그 백성의 미래에 영향을 줄 수 있는 사내아이를 구했다. 곧 무엇인가를 할 수 있는 개혁자를 얻기 위해서 기도했던 것이다. 그를 통해서 하나님께서 다시 이스라엘을 구원하시기를 바라면서 말이다.

한나의 서원은 내용적으로 아들을 나실인으로 바치겠다는 것이었다 삼상1:11. 사무엘은 비록 어머니의 서원에 의한 것이었지만 자발적인 나실인으로서, 하나님께서 지명하신 삼손의 경우와는 달랐다. 따라서 그는 모범적으로 살아가면서 백성을 지도하고 그들이 구원에서 떨어지지 않도록 해야 했다. 정리하자면, 한나의 기도는 불임여성을 위한 기도의 모델이 아니라 이스라엘을 개혁하고 그 나라의 왕권을 바르게 회복하고자 했던 기도였다고 하겠다 삼상2:10.[4]

---

4. 신득일, 『구약정경론』 (서울: 생명의 양식, 2011), 334~335.

(3) 솔로몬의 기도왕상8:23~53[5]

솔로몬의 기도에는 열왕기의 신학이 풍부하게 담겨 있다. 물론 이것은 성전 봉헌과 관련된다. 그의 기도에는 세 가지 신학적 주제가 포함되어 있다. 첫째, 하나님께서는 유일하신 분이다8:23. 즉 다른 신은 존재하지 않으며 온 우주에 여호와와 같은 신은 없다는 것이다. 둘째, 하나님께서는 언약의 하나님이시다 8:24~26. 따라서 백성은 언약관계 속에서 그분의 은혜를 누릴 수 있다. 마지막 셋째는 다윗의 언약인데8:15~21, 24~26, 이것은 구약의 나머지 부분을 망라하는 신학적인 주제이다. 다윗은 공의로 다스릴 종말론적인 왕이자겔34:23~24 장차 그 위에 앉으실 그리스도께서 그의 후손으로 오실 것이다눅1:31~33.

솔로몬의 기도의 근거는 하나님의 속성과 언약에 있다. 즉 하나님께서는 유일하고[6] 선하신 분이기 때문에, 솔로몬이 그분께 죄를 용서해주고 재난에서도 보호해 달라고 간구할 수 있었던 것이다. 또한 솔로몬은 하나님의 초월성과 내재성을 동시에 인정하면서 성전에 임재하시는 하나님께 자신과 백성의 기도에 응답해달라고 한다. 하지만 그는 둘 중에서 하나님의 초월성을 먼저 인정한다. "하나님이 참으로 사람과 함께 땅에 계시리이까 보소서 하늘과 하늘들의 하늘이라도 주를 용납하지 못하겠거든 하물며 내가 건축한 이 성전이오리이까"왕상8:27; 대하6:18. 사실 하나님께서는 편재하시는 분이기 때문에, 성전은 어디까지나 땅 위에 있는 하나님의 상징적인 거처일 뿐이다사66:1. 하나님의 초월성에 대한 솔로몬의 이 같은 표현은 사실 자신이 지은 성전은 하나님의 존재에 비하면 보잘 것 없는 것이라는 겸양을 나타내는 것이기도 하다. 실제로 하나님께서는 성

---

5. Cf. 신득일, "솔로몬의 기도에 나타난 신학적 주제," 『구속사와 구약주석』, 124~150.

6. 솔로몬이 이 말로 다신론(polytheism)이나 여러 신들 가운데 좀 더 우월한 신이 있다고 믿는 단일신론 (henotheism), 또는 여러 신들 가운데 가장 우월한 신만이 경배의 대상이 된다고 생각하고 그 신을 섬기는 일신 사상(monolatry)을 인정하는 것은 아니다. Cf. K. L. Noll, *Canaan and Israel in antiquity* (New York: Sheffield Academic Press, 2001), 132.

전에 갇혀있는 분이 아니시고, 성전 건물 자체가 자동적으로 하나님의 임재를 보장해주는 것도 아니다렘7:4.[7] 초월하시는 하나님의 임재는 언약적 믿음이라는 조건 아래에서만 보장받을 수 있다.

하나님의 공의에 근거를 둔 그의 첫 번째 간구는, 이스라엘에 하나님의 공의가 적용되어 백성 가운데 억울하게 삶의 침해를 당하는 사람이 없도록 그 조직을 건강한 신앙공동체로 유지하기 위한 것이었다. 이 기도는 하나님께서 공의로운 재판관이시라는 전제에서 비롯된 것이다.[8] 두 번째 간구부터 일곱 번째 간구까지는 신명기 언약에 기초한 것이다. 먼저 두 번째 간구는 전쟁으로 말미암아 포로 되었을 때 약속의 땅으로 돌아오는 것에 대한 간구이고33~34절, 세 번째 간구는 약속의 땅에서 가뭄을 당할 때 회복을 위한 간구이고35~36절, 네 번째 간구는 자연재해와 적국의 침략에 대해서 회개할 때 응답해 달라는 간구이고37~40절, 다섯 번째 간구는 이방인을 위한 간구이고41~43절, 여섯 번째 간구는 전쟁을 위한 간구이고44~45절, 마지막 일곱 번째 간구는 이스라엘이 하나님의 심판을 받아 적국에 포로로 잡혀갔을 때 거기서 회개하고 기도할 때 들어달라는 간구이다46~49절.

이와 같이 솔로몬의 기도는 철저하게 신명기 율법에 나타난 언약에 근거를 둔 간구였다. 반면 다윗의 언약은 그의 영원한 보좌와 관련된 것이었다. 즉 그것은 신정국가의 이상을 구현하는 것이었다. 하지만 다윗의 보좌는 단순한 정치적인 통치권을 의미하는 것이 아니라 인류구원을 위한 메시아의 도래와 관

---

7. 실제로 성전에 대한 그릇된 개념이 거짓 평안을 가지도록 했다. "여호와께서 우리 중에 계시지 아니하냐 재앙이 우리에게 임하지 아니하리라"(미 3:11b).

8. "만일 어떤 사람이 그의 이웃에게 범죄하므로 맹세시킴을 받고 그가 와서 이 성전에 있는 주의 제단 앞에서 맹세하거든 주는 하늘에서 들으시고 행하시되 주의 종들을 심판하사 악한 자의 죄를 정하여 그의 행위대로 그의 머리에 돌리시고 공의로운 자를 의롭다 하사 그 의로운 대로 갚으시옵소서"(왕상8:31~32; 대하6:22~23). 이보다 나은 번역은 "만일 어떤 사람이 그의 이웃에게 죄를 지어서 그(이웃)가 그에게 자신을 저주하도록 저주의 맹세를 하도록 하고 그가 이 성전에 있는 제단 앞으로 와서 맹세하거든"(왕상8:31; 대하6:22)이다.

련된 것이었다.

역사서의 기도에 나타난 영성은 전체적으로 하나님 나라의 이상을 실현하기 위한 간구로 나타난다. 즉 이스라엘이 약속의 땅에서 이상적인 신앙공동체를 이루게 해달라는 내용으로 가득 차 있다. 다시 말해 가나안 주민을 쫓아내고 영유권을 행사하게 해달라고 구했던 야베스의 기도와 왕이 오는 새로운 시대를 열고자 아이를 구했던 한나의 기도, 그리고 성전을 중심으로 하나님의 통치를 구했던 솔로몬의 기도는 역사서의 영성이 하나님의 약속과 구원의 계획을 구현하는 것임을 잘 보여준다고 하겠다.

3. 말씀에 대한 반응

(1) 성전에서 발견된 율법책에 대한 반응_{왕하22:8~23:24}

성전에서 발견된 율법책을 서기관 사반이 요시야 왕에게 읽어주었을 때, 왕은 옷을 찢고 그들에게 임한 저주가 그 책에 적힌 율법을 준수하지 않은 결과라고 인정했다_{왕하22:13}. 그리고 요시야가 겸비하여 회개했을 때, 하나님께서는 그에게 진노를 피할 것이라고 응답하셨다_{왕하22:20}. 이에 요시야는 제사장과 선지자 그리고 백성을 즉시 성전에 모으고 그 책에 기록된 대로 이행하기로 언약을 맺었다_{왕하23:1-3}. 성전에서 발견된 책을 "언약책"이라고 한 것과 요시야의 개혁의 내용이 신명기 율법에 따라 진행되었음을 볼 때, 그 책은 아마도 신명기였을 것이다.

요시야는 먼저 유다에서 우상을 제거했다_{왕하23:4~14}. 바알과 아세라와 하늘의 일월성신을 위하여 만든 모든 그릇들과 제사장들, 그들에게 분향하는 자들을 모두 폐하고, 성전에 있던 남창의 집도 헐었다. 산당을 헐었으며, 몰렉에게 드리는 제사도 폐지했다. 왕들이 세운 제단과 산당도 제거했다. 요시야의 개혁의 다음 단계는 이스라엘 지역의 우상을 제거하는 것이었다왕하23:15~20. 그는 벧엘의 제단과 산당을 헐고 산당에 있던 제사장들도 처단했다. 그리고는 온 백성과 함께 율법책에 기록된 대로 유월절을 성대하게 지켰다왕하23:22~23. 개혁의 마지막 단계는 개인적이고 사적인 우상숭배와 도구들을 제거하는 것이었다왕하23:24a. 이 모든 조치는 "대제사장 힐기야가 여호와의 성전에서 발견한 책에 기록된 율법의 말씀을 이루려" 함이었다왕하23:24b.

성전에서 발견된 율법책에 대한 요시야 왕과 백성의 반응은 여호와의 율법책이 여전히 신적인 권위가 있음을 보여준다. 동시에 말씀에 대한 요시야의 영성은 유다의 왕으로서 직분을 수행하는 데 잘 반영되어 있다. 그의 개혁은 유다와 멸망한 북이스라엘에도 긍정적인 영향을 미쳤다. 그러나 그의 노력에도 불구하고 조상의 죄로 말미암아 하나님께서는 예루살렘과 성전을 버리겠다고 하셨다.

(2) 에스라의 율법 낭독과 백성의 반응느8:1~18

서기관 에스라가 율법책을 '낭독'했다느8:8.[9] 아마도 이 율법책은 오경 전체였을 것이다. 성벽이 건축된 지 약 칠 일째 되는 날 백성이 수문광장에 모였다느3:26. 그리고 에스라가 모세의 율법을 공적으로 낭독했다. 그때가 티쉬리 월 첫째 날이었다. 그날은 나팔절이었고레23:24; 민29:1, 그 달 십 일에 행하는 대속죄일을 준비하는 때였다. 남녀와 아이들까지 모두 모였다느8:2. 새벽부터 정오까지

---

9. 그런데 히브리어 *meforas*에 대한 번역은 다양하다. 대부분의 영어번역은 '명확하게'라고 번역했다(KJV, NIV, ESV). 그런데 어떤 영어성경은 '번역하다'로 번역했다(NASB). 이 번역은 칠십 년의 포로생활을 하면서 공용어였던 아람어에 익숙해져서 히브리어를 알아들을 수 없었다는 것을 전제로 한다. 그러나 만일 포로에서 돌아온 사람들이 히브리어를 몰랐다면 어떻게 해서 포로 후기에 쓰여진 많은 선지서와 역사서가 히브리어로 쓰여졌는지에 대해서 답할 수 없을 것이다. 히브리어 '파라쉬(*paras*)란 말은 '분명하게 하다, 분리하다'란 뜻이 있다. 이것을 '번역하다'로 볼 근거는 없다. 그 다음 '문장에 읽은 것을 이해하도록 설명해주었다'라는 내용이 나온다.

율법을 낭독했는데, 약 여섯 시간 정도 되었을 것이다. 에스라가 낭독할 때 열세 명의 레위인이 그를 도왔다고 했다. 이들이 어떻게 도왔는지는 알 수 없지만, 아마도 그룹별로 백성이 이해할 수 있도록 도왔을 것이다. 에스라가 율법을 읽기 전에 하나님을 송축하자 백성은 아멘으로 화답하며 하나님을 경배했다느8:6.

나팔절을 지키는 동기는 성벽을 재건한 것에 대한 하나님의 은혜로운 돌보심에 감사하는 것이었다. 또한 하나님의 선하심이 그들을 인도하여 그들로 하여금 하나님의 말씀을 듣도록 하셨다. 그런데 백성이 율법의 내용을 깨닫고서 회개의 눈물을 흘린 것은 놀라운 일이다. 원래 그들은 율법에 관심이 없었다. 하지만 이제는 변화되어서 죄를 깨닫게 되었다. 그들은 약 천 년이나 지난 그때까지도 율법이 신적인 권위를 가진 하나님의 말씀이라는 것을 인정하고 있었던 것이다. 율법낭독에 따른 백성의 반응은 하나님의 말씀이 개인의 삶에 원칙이 될 뿐만 아니라 공동체의 삶에서도 표준이 됨을 인정하는 공동체적 영성을 보여준다.

말씀에 대한 태도와 관련한 역사서의 본문들은 율법에 순종하는 지도자의 영성이 이스라엘이 이상적인 공동체를 이루는 데 큰 역할을 한다는 것을 보여준다. 그들의 영성은 특히 하나님의 언약에 순종하는 것으로 나타난다.

4. 찬양

(1) 드보라의 노래삿5:1~31

본문은 드보라와 바락이 노래했다고 하지만삿5:1, 드보라가 주도적으로 부른 노래였을 것이다. 이 노래의 주요내용은 바알숭배를 조롱하는 것이다. 바알은 폭풍의 신이지만, 여호와께서 그 폭풍을 사용해서 폭풍의 신을 섬기는 야빈의 군사를 진멸시키셨다는 내용을 담고 있기 때문이다. 이 노래에서 드보라는 가나안의 신화적 요소를 차용하는 것이 아니라 바알과 대조적인 여호와의 속성을 찬양하는 것이다.

이 노래는 세 절로 이루어져 있는데, 1절은 전쟁의 상황이고삿5:2~11, 2절은 여호와 군대와의 전투이고삿5:12~22, 3절은 전쟁의 여파이다삿5:23~31. 우선 이 노래는 전쟁을 위한 이스라엘의 전적인 헌신과 자원으로 인해 여호와께서는 찬양받기에 합당하시다는 내용으로 시작한다.

드보라는 이 찬양의 노래를 가나안의 열왕들과 군사지도자들이 들을 수 있도록 그들을 소환해서3절, 거짓된 신을 섬기는 그들에게 여호와 하나님께서 우월하시다는 것을 알리는 한편 전능자를 거스르지 말라고 경고한다. 또한 이스라엘이 언약에 불충했음에도 불구하고 언약에 신실하신 하나님께서 친히 대적과 싸워 승리하신 것에 대해서 온 이스라엘은 하나님의 의를 찬양하라고 독려한다삿5:9~11.[10] 이렇게 하나님의 구속사역을 노래로 부르는 것이야말로 가장 효과적인 선포가 되었을 것이다.

한편 이 노래는 각 지파의 공적을 헤아리면서 하나님을 찬양한다. 특히 북쪽의 스불론과 납달리 지파의 헌신을 높이 평가한다. 그럼에도 불구하고 이 전쟁은 하나님의 전쟁이었고, 따라서 하늘의 천사가 직접 전투에 참여했다고 지적한다20절. 그 결과 시스라의 전차는 기손강이 범람하여 더 이상 기동하지 못했고, 이스라엘은 쉽게 승리하여 야빈의 압제에서 벗어날 수 있었다.

드보라는 또한 적장 시스라를 처치한 야엘의 공적을 높이는 반면, 시스라의

---

10. "활 쏘는 자의 소리"에서 '활'은 '하츠(ḥaṣ)'에 대한 번역인데(KJV, Keil), 이것은 어색한 점이 있다. 왜냐하면 본문의 단어는 '하차츠(ḥāṣaṣ)'로서 '나누다'란 뜻이기 때문이다. 따라서 이는 '나누는 자들의 소리로부터'란 뜻이 된다. 곧 현악기를 뜯는 것을 말하는 것이다. 학자들은 이들을 음유시인들이라고 말한다. Arthur E. Cundall and Leon Morris, *Judges and Ruth*: An Introduction and Commentary, vol. 7, Tyndale Old Testament Commentaries (Downers Grove, IL: InterVarsity Press, 1968), 96. 그래서 그냥 노래하는 자들 또는 음악가라고 번역하기도 한다(NIV, Younger, RSV, ESV).

어머니의 애절한 기다림은 헛된 일이라고 묘사한다. 그런 다음 마지막으로 그녀의 노래는 복과 저주의 내용을 담은 언약적 기도로 끝맺는다. "여호와여 주의 원수들은 다 이와 같이 망하게 하시고 주를 사랑하는 자들은 해가 힘 있게 돋음 같게 하시옵소서"삿5:31. 이 같은 찬양의 기도는 이 땅위의 어떤 전차도 언약에 신실한 하나님의 백성을 대항할 수 없다는 것을 보여준다. 또한 드보라의 노래는 어려운 시대에 신실하신 하나님의 구원을 노래하도록 해준다.

(2) 한나의 노래삼상2:1~10

본문은 한나가 '기도했다'라고 하지만, 사실 이 말은 '기도로서 하는 찬양 prayer~song'으로 보아야 한다.[11] 이 노래 역시 단순히 한나의 사적인 감정을 반영한 개인적인 표현이 아니다. 만일 그것이 오랜 시간을 기다린 후에 단순히 풍성한 자녀의 복을 노래하는 개인적인 감사였다면, 그 내용은 분명히 달라졌을 것이다. 하지만 이 노래에서 자녀의 복에 관해서는 5절에서만 나온다. 그러므로 이 노래는 행복한 어머니 한나의 개인적인 사건을 훨씬 넘어선 것이라고 할 수 있다. 아마도 이 노래는 한나가 사무엘을 여호와께 드릴 때 불렀을 것이다. 따라서 이 노래는 곧 이스라엘 회중이 불러야 할 노래였다.

한나가 이 노래를 불렀을 때, 우리는 아직 유아였던 사무엘을 묘사하는 독특한 구절을 발견하게 된다. 곧 여호와께 바친 아이에 대한 노래에서 전쟁의 함성이 울려 퍼지는 것이다. 군사들이 열을 지어 행진하고삼상2:4, 보좌가 흔들리고삼상2:8, 사회의 지각변동으로 인해 사람들이 안정을 얻기도 하고 놀라기도 한다삼상2:5,7. 확실히 이 모든 것을 이 아이와 따로 생각해서는 안 된다. 또한 그렇게 낮아지고 고통 받은삼상2:7 어머니를 위한 그의 탄생이 의미하는 바를 분리

---

11. Evans, *1 & 2 Samuel*, 20.

시켜서도 안 된다. 당시 한나는 아주 무력했고, 죽었으며삼상2:4,6, 가난했고삼상 2:7, 원수로 취급받았다. 반면에 브닌나는 오만한 말을 했고삼상2:3, 강한 자였으며삼상2:4, 유족했고삼상2:5, 자녀가 많았다삼상2:5. 그러나 그런 고통 가운데서도 한나는 가정의 문제를 훨씬 넘어서 예언적인 것을 이해하며 이 같은 노래를 불렀던 것이다.

이 노래는 순수한 개인적인 경험을 시적으로 묘사한 형이상학적인 언어가 아니다. 여기서 우리는 블레셋의 적대적인 힘을 읽을 수 있고, 나아가 그리스도 와 그의 회중 안팎에 있는 수 세기에 걸친 대적들의 막강함도 읽을 수 있다. 한 나가 여기서 노래한 것은 전쟁의 실제이고 그리스도의 교회가 억압당하는 것 과 높아지는 것이다. 낙원에서 한 약속의 주제가 여기서 나타날 뿐만 아니라 더욱 전개된다. 그것은 주 예수 그리스도의 교회의 반전을 고백하는 노래이다. 이 노래에 나타난 예언은 궁극적으로 완전한 하나님 나라의 영광스런 승리를 위한 그리스도의 대속사역을 통해 이루어질 것이다. 사무엘의 탄생은 이 영광스러운 승리에 대한 보증이 된다. 한나는 이 보증을 고백함으로써 예언적인 전망에 다다른다. 그것은 곧 해방을 누리는 교회에서 온전히 수립된 직분을 수행함에 따른2:1-2, 6-7, 9-10 결실을 노래한 것이다.

이 노래는 과거로는 모세의 노래신 32장와 연결되고 미래로는 마리아의 노래 눅 1장와 연결된다. 우리는 한나의 노래에서 이 노래에 담긴 강한 능력을 대면할 수 있다. 그것은 개인적인 종교성을 넘어선 것이다. 그녀의 궁핍과 구원, 비참함 은 그리스도를 노래하는 전교회의 목소리요 고백이다.

특히 이 노래는 궁극적으로 그리스도를 바라보도록 한다. 사무엘서 전체를 지배하는 주제는 다윗의 왕직이요, 나아가 다윗의 위대한 자손 예수 그리스도 의 왕직이다. 그러므로 이 노래의 마지막에서 왕을 언급한 것은 전체적으로 잘 못된 배치가 아니다. 백성은 직분적 구원사역에서 중추적 역할을 하는 왕직에 의해서 치유된다. 곧 여호와께서 한 왕을 부르시고 그의 기름부음 받은 자를 예비하시는 것이다. 여호와께서는 그에게 힘을 주시고, 그의 뿔은 높아질 것이다. 물론 이 모든 것은 백성을 위한 것이다. 그 백성은 구원의 생명을 얻고, 높아지며, 부하게 되고, 하나님의 은혜로 만족하게 될 것이다. 완전한 구원의 안식 가운데서 교회의 영광스런 미래가 보장될 것이다.

찬양과 관련해서 역사서가 보여주는 영성은 하나님을 향한 찬양의 내용이 공동체를 회복시키는 하나님의 역사를 담아낸다는 것이다. 또한 그 영성은 하나님의 구원 계획과 약속에 따라 새로운 역사를 열어가는 예언적인 영성을 제시한다.

5. 믿음의 행위

(1) 보아스의 율법준수 룻4:1~12

보아스는 자기 밭에서 모압 여인 룻을 환대했을 뿐만 아니라 근족으로서 나오미가 기대한 대로 그 일을 성취하기에 쉬지 않는 자였다3:18~4:1. 그는 이 일을 진행할 때 처음부터 율법에 따라서 처신했다. 그가 밤에 타작마당에서 룻을 만나 그녀에게 더 가까운 기업 무를 자에 대해 말해준 것도 율법에 따른 것이었다. 아마도 나오미는 이미 가까운 근족을 알고 있었을 지도 모른다. 그럼에도 그녀는 보아스가 이 일을 해주길 바랐다. 여하튼 율법이 지켜지지 않던 사사시대에 보아스는 처음부터 율법을 존중했던 사람임을 알 수 있다.

한편 보아스는 성문에서 기업 무를 자를 부르고 장로 열 명을 청했다. 이는 그가 이 문제를 법적인 문제로 다루고 있음을 보여준다. 고대근동에서 성문은 시민들이 모이는 중심지 역할을 했다. 시민들은 거기에 모여 공동체의 법적 문제를 논의하고, 상거래도 행하고, 소문도 퍼뜨리고, 자신의 주장을 말하기도 했다창23:10,18; 신16:18; 22:19; 룻4:1,11; 삼하19:8; 왕상22:10; 암5:12,15. 보아스가 열 명의 장로를 청했던 것은, 혹시 일이 잘못되었을 때 이들의 연륜을 이용해 사태를 즉시 수습하고자 했기 때문일 것이다. 그는 기업 무를 자에게 "나오미가 우리 형제 엘리멜렉의 소유지를 팔려 하므로팔았으므로"룻4:3라고 말하면서 기업을 무를 의사가 있는지를 물었다. 기록되지는 않았지만, 룻은 보아스에게 이에 관해 이야기를 한 것 같다.

그러자 기업 무를 자가 율법의 조치를 따라서 기꺼이 자신의 임무를 행하겠다고 말했다레25:25. 하지만 곧이어 자신이 룻과 결혼해서 죽은 자의 기업을 그의 이름으로 세워야 한다는 말을 듣고는 자기 기업에 손해가 갈까봐 거절하면서 "네가 무르라"고 말했다룻4:6. 그 손해란 아마도 상속권과 관련된 내용일 것이다. 그는 "네가 너를 위하여 사라"고 하면서 그의 신을 벗으며 그 임무를 이양했다룻4:8. 비록 여기서 그가 신을 벗은 것은 신명기의 내용과 차이가 있지만신25:9, 이 행동으로 보아스와 룻의 계대결혼이 합법화된다.[12] 보아스는 룻을 아내로 맞아서 죽은 자의 이름이 끊어지지 않도록 하는 데 거기 있던 장로들과 모든 백성이 증인이 되었다고 하면서 그 일의 법적인 성격을 강조했다룻4:10-11. 이후 그는 룻과 결혼해서 아들을 낳았다룻4:13.

율법에 의하면 근족은 잃은 재산을 찾아주어야 했지만레25:25, 계대결혼은 남편의 형제로 한정되었다신25:5-10. 그런데 보아스는 말론의 형제도 아니고 사촌도 아니었다. 따라서 그는 나오미가 요구한 것을 알고서 율법의 요구를 넘어선 이타적인 사랑으로 행했던 것이다. 그야말로 보아스는 기업 무를 자로서 율법의 조문이 아니라 율법의 정신을 따라 믿음으로 행한 '구속자'였다. 그 결과 그

---

12. A. LaCocque, *A Continental Commentary: Ruth* (Minneapolis, MN: Fortress Press, 2004), 133.

는 왕이 없어서 아무도 율법을 지키지 않는 사사시대에 율법을 온전히 실천하는 자로서 메시아가 오시는 길을 예비하게 되었다.[13]

(2) 다윗과 골리앗의 싸움삼상17:1-51

다윗과 골리앗의 싸움은 처음부터 영적인 전쟁이라는 것을 알 수 있다. 그것은 세상 나라와 하나님 나라의 충돌이었다. 세상적으로 사고하는 사울과는 달리 다윗은 하나님 나라의 사고와 가치를 잘 이해했다. 다윗은 온 이스라엘을 질리게 만든 블레셋의 군사적 우위와 골리앗의 신체적 위용을 잘 알고 있었다. 그러나 그의 관심은 그런 외적인 것이 아니라 오직 하나님의 군대와 하나님이 모욕 당하는 것에 있었다삼상17:26. 그는 할례 받지 못한 블레셋 사람이 하나님을 모욕하는 것을 견딜 수가 없었다. 사울과 그의 군사들과는 달리 다윗은 하나님 나라가 육신의 소욕과 인간의 소욕에 속한 것이 아님을 알고 있었다. 그래서 백성이 골리앗의 위용을 보고 두려워한 것과는 달리 그는 두려워하지 않았다. 그의 마음이 하나님 나라로 채워져 있었기 때문에 세상의 어떤 악과도 맞설 수 있었다.

사울과 같이 세상적 사고와 가치를 추구하는 자는 블레셋적인 것에 위축되지만, 하나님 나라의 시각을 가진 자는 세상적인 힘을 극복할 수 있다. 다윗의 용기와 힘의 근원은 바로 여호와 하나님이었다. "너는 칼과 창과 단창으로 내게 나아오거니와 나는 만군의 여호와의 이름 곧 네가 모욕하는 이스라엘 군대의 하나님의 이름으로 네게 나아가노라 …… 또 여호와의 구원하심이 칼과 창에 있지 아니함을 이 무리에게 알게 하리라 전쟁은 여호와께 속한 것인즉 그가 너희를 우리 손에 넘기시리라"삼상17:45,47. 다윗은 여호와의 이름으로 나아갔다. 그것은 하나님이 앞장서서 친히 싸우시는 하나님의 전쟁이었기 때문이다. 다윗

---

13. 신득일, "룻기는 다문화가정 정착 모델?," 『구속사와 구약주석』, 101~103.

은 아무도 하나님을 대적할 수 없다는 것을 잘 알고 있었다. 그는 그 지식을 믿음으로 자신의 싸움에 적용시켰다. 그는 기름부음 받은 메시아로서 참 메시아를 예시하는 역할을 했다. 또한 성령과 말씀으로 세상을 이기는 방식을 보여주었다. 이로써 우리 또한 예수 그리스도께서 십자가와 부활로 이루신 승리에서 출발하여 죄와 사망을 이길 수 있음을 알게 된다.[14]

(3) 언약궤를 예루살렘으로 옮긴 다윗삼하6:1~17

다윗이 예루살렘으로 천도한 후 첫 번째 국책사업으로 시행한 것은 언약궤를 기럇여아림에서 예루살렘으로 옮기는 것이었다. 사울이 통치할 때는 언약궤에 아무도 관심이 없었다. 그러나 다윗은 기럇여아림에 100년 가까이 방치된 언약궤를 옮기는 일을 자신의 통치기반으로 삼았다. 그렇다고 해서 이 프로젝트를 단순히 백성을 규합할 정치적인 구심점을 만들고자 한 정책으로만 볼 수 없다. 왜냐하면 언약궤는 하나님의 특별 임재를 상징하는 제의기구였기 때문이다. 다윗이 언약궤에 관심을 두고 그것을 예루살렘에 있는 장막으로 옮겼다는 것 자체가 그의 통치가 하나님과 함께하는 것을 얼마나 열망했는가를 증명한다시132:2~6. 물론 다윗이 언약궤를 옮겨온 것은 하나님과 동행하려는 그의 개인적인 경건에서 비롯된 것이었겠지만, 그는 그것을 곧바로 그의 통치원리에 적용시켰다. 즉 언약궤를 예루살렘으로 옮긴 것은, 비록 자신이 이스라엘의 왕이지만, 자신의 왕은 하나님이시라는 것과 진정으로 이스라엘을 다스리는 분 역시 하나님이시라는 것을 고백하는 것이었다.

다윗은 처음에는 블레셋의 방식을 따라 언약궤를 새 수레에 실어서 운반하려고 했지만, 그 결과 웃사가 죽고 말았고 이로 말미암아 그는 언약궤를 가져오는

---

14. H. de Jong, *De Twee Messiassen* (Kampen: Kok, 1978), 124~131.

것에 두려움을 가지게 되었다. 그러나 오벧에돔이 언약궤를 적법하게 다룸으로써 하나님의 복을 받는 것을 보고서 율법에 따라서 언약궤를 성공적으로 운반했다. 언약궤가 예루살렘으로 들어가는 것은 여호와 하나님께서 예루살렘에 왕으로 입성하시는 것을 상징적인 것이었다. 다윗은 이 역사적인 순간을 기뻐하며 춤을 추었다. 그는 참으로 하나님의 임재와 통치를 즐거워하는 경건한 왕이었다. 이 점에서도 그는 사울이나 미갈과는 달랐다. 다윗이 언약궤를 예루살렘으로 옮겨서 안치함으로써 이제부터 시온이 세상의 중심이 되는 새로운 역사가 시작된 것이다. 그의 행위는 개인적인 영성이 하나님의 통치를 인정하고 구속사의 새로운 장을 여는 계기가 됨을 보여준다.[15]

(4) 느헤미야의 개혁

총독 느헤미야의 주된 역할은 성벽을 재건하는 것이었지만, 다음과 같이 새로운 공동체를 개혁하는 일에서도 그의 역할이 잘 나타난다. 첫째, 느헤미야는 하나님의 율법을 무시한 부자들에 의해서 착취당하는 공동체의 가난한 자들을 위한 조치를 취했다5:1~19. 둘째, 죄를 회개하고 방백과 레위인과 제사장들이 언약을 갱신하고 인을 치도록 했다9:37~10:39. 셋째, 이방인들이 하나님의 회에 참석하지 못하게 함으로써 예배를 정화시켰다13:1~3. 넷째, 성전이 사적으로 오용되는 것을 막고 목적에 부합하는 용도로 사용되도록 회복시켰다13:4~9. 다섯째, 레위인들의 직무를 복귀시킴으로써 회복된 공동체가 언약의 특권을 누리도록 했다13:10~14. 여섯째, 안식일을 범하는 사람들을 꾸짖고 안식일을 준수하도록 했다13:15~22. 일곱째, 다른 종교를 가진 이방인과 결혼한 유대인들로 하여금 그 관계를 정리하도록 했다13:23~29. 이 모든 개혁은 회복된 공동체가 새로운

---

15. Shin, *The Ark of Yahweh in Redemptive History*, 87~97.

성전을 중심으로 언약에 신실한 삶을 살게 하려는 조치였다.[16] 이런 개혁운동에서 드러난 느헤미야의 영성은 지도자로서 이스라엘 공동체가 율법에 순종하도록 하는 것이었다.

이렇듯 역사서에서 발견되는 영성이란 말씀에 순종하는 결과로 나타난다. 곧 진정한 영성은 전인적인 것으로서 삶의 모습으로 드러나야 하는 것이다. 하나님께서는 이와 같이 바른 영성을 가진 자를 통해 그분의 구속계획을 이루시고, 나아가 이스라엘을 이상적인 신앙공동체를 이루어 가신다.

6. 나가면서

역사서에서의 영성은 하나님의 구원계획에 순종하는 백성의 믿음으로 나타난다. 기도와 말씀에 대한 백성의 긍정적인 반응과 찬양과 순종하는 믿음의 행위는 참된 영성이 무엇인지를 보여준다. 참된 영성이 전인격적인 것이라면, 역사서에서 말하는 영성 또한 이 모든 요소를 갖춘 모범적인 신앙을 의미한다. 특히 그것은 언약에 기초한 구속의 행위에 참여하는 것이고, 메시아의 길을 열고 하나님 나라를 구현하는 데 참여하는 것이다.

---

16. 신득일, 『구약정경론』, 381~382.

제9장

선교

1. 들어가면서

구약 역사서에는 '선교mission'에 해당하는 말도 없고,[1] 선교의 사명도 구체적으로 언급되지 않는다. 선교가 신약교회에서 말하는 직분을 받은 선교사가 지리적, 정치적, 문화적 경계를 넘어 복음을 전하고 교회를 세우는 것이라면, 구약에서는 그런 선교를 명령하지 않는다고 말해야 할 것이다.[2] 하지만 그렇다고 해서 구약 역사서에 선교에 대한 동인이나 암시 또는 그에 준하는 명령이 전혀 없는 것은 아니다. 왜냐하면 구약 역사서는 인류를 구원하기 위한 하나님의 계획이 성취되는 과정을 보여주기 때문이다. 하나님께서는 이스라엘의 하나님이신 동시에 모든 민족의 하나님이시기 때문에 구약 역사서에도 선교에 대한 암시가 드러난다. 흥미로운 것은 선교에 대해 명령하는 부분은 역사적인 내러티브가 아니라 기도문이나 찬양에 나타난다는 것이다.

이 장에서는 구약 역사서에서 암시적으로든 명시적으로든 선교에 대해 언급하는 본문을 주석하면서 역사서에서의 선교와 관련된 것으로 보이는 몇 가지 경우를 다룰 것이다. 물론 모든 본문은 계시역사적인 관점에서 다룰 것이다. 무리하게 본문을 선교적 관점에서 해석하려는 '선교중심적인 해석'은 지양할 것이다.[3] 왜냐하면 그런 해석은 본문의 핵심적인 주제를 쉽게 놓칠 뿐 아니라 타락한 인간을 구원하려는 하나님의 구속사역과 교회가 수행해야 할 선교를 혼동

---

1. 선교(mission)란 라틴어 '보내다(*mittō*)'에서 왔다. 동사 '보내다'에 해당하는 히브리어 단어는 *šālaḥ*이다. 이 단어는 동사형태로 구약에서 총 847회 나타나지만, 역사서에서는 임무를 수행하기 위해 보냄을 받는 본문에서조차 선교와 연결시키기가 어렵다. M. Delcore/ E. Jenni, "שׁלה," *THAT* II, 910~912.

2. D. J. Bosch, *Transforming Mission*: Paradigm Shifts in Theology of Mission (Maryknoll, New York: Orbis Books, 1993), 17.

3. D. J. Hesselgrave, A Missionary Hermeneutic: Understanding Scripture in the Light of World Mission, (International Journal of Frontier Missions, 10 no 1 Ja 1993), 17-20. "누구도 멸망하는 것을 원치 않는 '선교사 하나님(Missionary God)'"과 같은 표현은 이해할 수 없는 말이다. 이 방법론은 직분으로서 선교사와 선교의 내용인 하나님을 구분하지 않는다. 이것은 카테고리가 다르기 때문에 비교하기 어려운 부분이 많다.

하게 만들기 때문이다.

2. 선교 관련 본문

(1) 드보라의 노래삿5:9~11a

　'드보라의 노래'는 이스라엘이 다볼산과 므깃도 전투에서 승리해 야빈의 압제에서 벗어난 후 드보라가 바락과 함께 부른 노래이다삿5:1. 이때 드보라는 자신의 찬송에 귀를 기울이라면서 가나안의 왕들과 통치자들을 소환한다. "너희 왕들아 들으라 통치자들아 귀를 기울이라 나 곧 내가 여호와를 노래할 것이요 이스라엘의 하나님 여호와를 찬송하리로다"삿5:3. 여기서 일인칭 '나'으로 표기된 노래하는 자는 드보라가 되어야 한다.[4]

　드보라가 이방 왕들과 통치자들에게 이 노래를 들으라고 한 것은 이스라엘의 하나님 여호와께서 그들이 섬기는 거짓 신들보다 우월하시기 때문에 그분을 거스르는 행동을 하지 말 것을 경고하기 위함인 것으로 보인다. 이 노래는 전체적으로 하나님의 사역을 높이는 한편 바알을 조롱하는 내용으로 이루어져 있다. 즉 물과 구름을 통제하는 신은 폭풍의 신인 바알로 알려져 있지만 실제로 비를 내리시는 분은 여호와시라는 것, 그래서 그 하나님께서 폭풍을 동원해서 바알을 섬기는 시스라의 군대를 무찌르셨다는 것이다삿5:4,21. 또한 비록 이스라엘

---

4. 웹은 "내"가 "아마도 드보라 또는 바락일 것이다"라고 했다. Barry G. Webb, *The Book of Judges*, The New International Commentary on the Old Testament (Grand Rapids, MI; Cambridge, UK: William B. Eerdmans Publishing Company, 2012), 207. 그렇지만 이 주어는 드보라를 가리키는 것으로 보는 것이 옳다. 1절의 한글번역은 드보라와 바락이 함께 부른 것으로 번역했지만, 히브리어 본문은 주어가 여러 개일 때는 맨 앞의 것의 성과 수를 따라서 동사가 붙기 때문에 여성단수로 쓰였다(וַתָּשַׁר, *wattāšar*). 이것은 드보라가 주도적으로 노래한 것임을 의미한다. 신득일, 『구약히브리어』 (서울: CLC, 2007), 191.

백성이 하나님과 맺은 언약을 파기함으로써 일시적으로 가나안 왕 야빈에게 압제를 받는 고통을 겪었지만, 하나님께서는 결국 그분의 백성의 간구를 들으시고 능력으로 그들을 구원하셨다는 것이다삿4:1,3.

이 부분의 본문은 정확하게 번역하고 해석하기가 어렵긴 하지만, 여기서 선교적인 교훈을 얻는 데는 문제가 없다. 이 노래에서 선교적인 내용과 관련된 것은, 드보라가 처절한 상황 가운데서도 백성의 지도자들의 헌신을 통해 하나님께서 구원 역사를 이루신 것을 찬송하라고 하는 데서 나타난다. 특히 모든 이스라엘 사람들에게 "전파하라śīhū"고 명령한 데서 선교의 의미가 더욱 구체화된다. 이 동사는 감정이 실린 말투로 크게 외치는 것을 의미하는데, '찬양하다'라는 동사와 함께 병행해서 하나님의 일을 전하는 데 사용되었다대상16:9; 시105:2. 이 동사의 목적어는 이 절에 나타나지 않고 다음 절에서 '상술하다'의 목적어가 되는 '여호와의 의로운 일'이 될 것이다.

한편 이 명령을 받은 사람은 세 그룹으로 나뉜다. 곧 "흰 나귀를 탄 자들", "양탄자에 앉은 자들", 그리고 "길에 행하는 자들"이다. 그런데 여기서 나귀를 탄 자들과 양탄자에 앉은 자들은 같은 대상인 것으로 보인다.[5] 즉 나귀에 사치스런 안장을 놓고, 그 위에 앉는 자들을 가리킨다. 따라서 드보라가 전파하라고 명령한 대상은 실제로는 두 부류의 사회계층이다. 그것은 부자와 일반서민이다.[6] 이스라엘은 주변국가보다 문화적으로 열등한 상황에 있었기 때문에 말을 사용하는 대신 부자와 권세 있는 자들은 나귀를 타고 다녔고, 평민들은 걸어서 여행했다. 따라서 두 부류의 사회계층을 향해서 여호와의 일을 전파하라고 한 것은 곧

---

5. 여기서 나귀는 '암나귀'를 의미한다. 양탄자로 번역된 מַדִּין(middīn)은 아람어의 복수형태를 지닌 단어인데, 오래된 시적인 본문에서도 나타난다(§ 87e). 이것은 손으로 정교하게 짠 깔개를 뜻한다. 칠십인역은 이 단어가 '(치수를) 재다'를 의미하는 מָדַד(mādaḏ)에서 온 것으로 보고 '판단하는 것', 즉 재판하는 기준으로 번역했다(κριτήριον). 그러나 이 번역은 히브리어 단어의 용법은 물론 이스라엘의 상황과도 맞지 않다.

6. Block, Judges, Ruth, 228.

모든 이스라엘 사람들에게 하나님의 위대한 역사를 전하는 증인의 역할을 하라고 명령한 것이나 마찬가지다. 이는 오늘날 복음을 멀리까지 전하는 선교행위가 될 수 있을 것이다.[7]

그런데 이어서 전파하는 내용에 관해 말하는 11절 상반절의 한글번역은 어색한 부분이 있다. 이 구절은 "물 긷는 장소들 사이에서 (물을) 나누는 자들의 소리로부터 여호와의 의로운 행위, 이스라엘에 있는 그의 농부들의 의로운 일을 상술하라"로 번역할 수 있다. 여기서 한글성경에 나오는 "활 쏘는 자들"이란 말은 흠정역KJV을 따른 것으로 보이는데,[8] 사실 이 단어는 자구적으로 '나누는 자들 머라츠침, *meḥaṣṣīm*'이란 뜻이다.[9] 즉 우물에서 물을 분배하는 사람을 가리킨다.[10] 또 한글성경에 "마을 사람들을 위한"으로 번역된 히브리어 '피르조노*pirzōnō* < *pᵉrāzōn*'는 그 의미가 애매하지만 성읍에 사는 사람과 대조적으로 보호받지 못하는 탁 트인 지역에 사는 주민들페쉬타, 탈굼, 곧 '농부들villagers, peasantry'로 번역될 수 있다NIV, ESV, NRSV, NASB. 불가타와 같은 고대역본에서는 이 단어를 '용사들'로 번역했다fortes. 이 두 가지를 고려할 경우, 이 사람들은 평범한 농부이지만 동시에 여호와의 전쟁에 용사로 참여한 사람들로도 이해할 수 있다. 즉 여호와의 의로운 전쟁에 참여한 농부들의 일도 의로운 일로서 널리 전파되어야 했다. 우물가는 사람들이 모이는 곳이고, 물을 긷는 것은 그들의 일상생활이었다. 다

---

7. Cf. Jack M. Sasson, *Judges 1–12*: A New Translation with Introduction and Commentary, Anchor Yale Bible (New Haven; London: Yale University Press, 2014), 293.

8. KJV는 이 단어를 *ḥēṣ*(활)에서 파생한 것으로 이해했다. 그러나 '나누다'의 동사 חָצַץ(*ḥāṣaṣ*)는 히브리어 동사 חָצָה(*ḥāṣā*, 나누다)와 관련이 있다. 특히 이 두 단어의 어원의 형태가 다르기 때문에 혼동할 수가 없다. 즉 חֵץ(*ḥēṣ*)의 어원으로 보이는 아카드어의 '활'은 *uṣu*(m) 또는 *uṣṣu*(m)이고, חָצַץ(*ḥāṣaṣ*)의 어원으로 보이는 아카드어의 '끊다'는 *ḥaṣāṣu*(m)이다. Jaremy Black, et. al (ed.), *A Concise Dictionary of Akkadian* (Wiesbaden: Harrassowitz Verlag, 2000), 110, 428.

9. 현대 영어성경에서는 '노래하는 자들'(singers, NIV), '음악가들'(musicians, RSV, ESV)이라고 번역되었다. 이것은 '나누는 자들'을 현악기를 뜯는 자들로 본 것이다. 아마도 그들은 고대의 음유시인이 될 것이다.

10. *HALOT*, 296; Block, *Judges, Ruth*, 229.

시 말해 이스라엘 백성은 일상생활 속에서 여호와를 찬양하고 여호와의 의로운 일을 전파해야 했던 것이다.

드보라의 노래는 이스라엘이 지닌 선교적 사명을 구체적으로 표현하고 있다. 그 사명은 이스라엘의 하나님께서 의로운 분이시고, 바알을 능가하는 전능한 분이심을 선포하는 것이었다. 따라서 이 본문은 구약 역사서에서 선교에 대해 명료하게 명령하고 있음을 보여준다.

(2) 다윗 언약삼하7:12~16

이 본문에 관해서는 앞에서 상세하게 다루었지만, 여기서 다시 언급하는 이유는 이 약속에 선교적인 의미도 담겨 있기 때문이다. 하나님께서는 갓 선지자를 통해 다윗에게 "네 집과 네 나라가 내 앞에서 영원히 보전되고 네 왕위가 영원히 견고하리라"고 말씀하셨다삼하7:16. 이 말씀처럼 하나님께서는 일방적으로 이 약속을 이루어 가실 것이다. 다윗 왕조가 미래에 대해서 낙관적인 것도 바로 이 약속 때문이다. 영원히 견고한 이 보좌는 하늘에 있는 하나님의 보좌가 아니고 궁극적으로 땅 위에 있는 하나님의 보좌를 가리킨다. 즉 아브라함과 이삭, 야곱 그리고 다윗의 씨에게 약속한 영원한 보좌를 말한다.[11] 비록 '여호와의 나라'인 다윗의 정치적인 보좌가 끊어지는 상황이 될지라도 이 영원한 약속 때문에 다윗의 나라는 계속 이어질 것이다cf. 왕하25:27~30; 대하36:23.[12] 하나님께서는 '다윗의 빛'이 영원히 꺼지지 않도록 하실 것이다왕상11:36.[13]

---

11. Walter C. Kaiser, "Kingdom Promises as Spiritual and National," in *Continuity and Discontinuity*: Perspectives on the Relationship between the Old and New Testaments : Essays in Honor of S. Lewis Johnson, Jr., ed. John S. Feinberg (Westchester, IL: Crossway Books, 1988), 292.
12. 흥미로운 것은 히브리어 성경이 '올라갈지어다(יַעַל, ya'al)'라는 희망적인 단어로 끝난다는 것이다.
13. Deuk-il Shin, "The Translation of the Hebrew Term *Nīr*: 'David's Yoke'?," *Tyndale Bulletin* 67.1 (2016) 7~21.

계시역사적인 관점에서 볼 때, 다윗에게 전달된 이 약속은 하나님께서 아브라함에게 "땅의 모든 족속이 너로 말미암아 복을 얻을 것이라"창12:3고 하신 약속이 더 발전되고 구체화된 것이다. 아브라함에게 주신 약속에서 '모든 족속이 복을 받는 것'은 그들이 구원의 복을 누리는 것을 의미한다. 이는 오늘날 교회의 선교를 통해서 이루어진다.[14] 그런데 다윗에게 주신 약속도 같은 차원에서 보아야 한다. 즉 하나님의 통치가 다윗의 영원한 보좌를 통해서 나타나는 것은 궁극적으로 예수 그리스도의 통치를 의미한다. 그리고 그리스도의 통치는 만국을 다스리는 것이며, 이 왕국의 통치는 그리스도의 구원사역을 통해서 이루어진다. 그런데 만국이 그리스도의 통치를 받는 과정은 교회의 복음전파를 통해서 완성된다. 따라서 다윗의 영원한 보좌에 대한 약속은 교회의 선교에 대한 모티브를 제공한다.

(3) 이방인을 위한 기도 왕상8:41~43,60; 대하6:32~33

솔로몬이 성전을 봉헌할 때 그가 이방인들을 위해서 기도한 것은 놀라운 일이다. "또 주의 백성 이스라엘에 속하지 아니한 자 곧 주의 이름을 위하여 먼 지방에서 온 이방인이라도 그들이 주의 크신 이름과 주의 능한 손과 주의 펴신 팔의 소문을 듣고 와서 이 성전을 향하여 기도하거든 주는 계신 곳 하늘에서 들으시고 이방인이 주께 부르짖는 대로 이루사 땅의 만민이 주의 이름을 알고 주의 백성 이스라엘처럼 경외하게 하시오며 또 내가 건축한 이 성전을 주의 이름으로 일컫는 줄을 알게 하옵소서"왕상8:41~43; cf. 대하6:32~33.[15] 여기서 "이방인"은

---

14. 신득일, "아브라함의 약속에 나타난 교회론,"『구속사와 구약주석』, 51~55
15. 역대기 6장 32절에는 열왕기 본문에 있는 "주의 이름을 위하여 먼 지방에서 온"이란 말이 빠져있다(왕상8:41). 이것은 역대기가 빠뜨렸는지 열왕기가 첨가했는지는 모르지만, 칠십인역은 열왕기 본문에서 그 부분을 빠뜨렸다.

'이스라엘에 속하지 않은' 사람이다. 그래서 "이방인"은 십계명과 다른 곳에서 자주 언급되는 '객'과는 차이가 있다. '객ᵍēr'은 다른 나라 사람으로서 이스라엘에 장기체류하는 사람이지만창15:13; 출20:10; 신5:14, "이방인ⁿōkrī"은 특별한 용무가 있어서 일시적으로 이스라엘에 머무는 외국인이다.[16] 요세푸스는 유대인의 법률이 유대인의 율법과 생활양식을 받아들인 이방인과 유대인 가운데 일시적으로 머무는 외국인을 구분한다고 말했다.[17]

한편 "능한 손과 펴신 팔"은 특별히 출애굽과 같은 하나님의 큰 능력을 묘사하는 전형적인 표현이다신4:34; 5:15; 7:19; 11:2; 26:8; 시136:12; 렘21:5; 32:21; 겔20:34~35. 멀리서 온 외국인들이[18] 하나님의 이름과 능력으로 '인하여'[19] 성전을 향해서 기도하는 모든 것을 들어달라고 간구하는 데는 두 가지 목적이 있는데, 먼저 한 가지 목적은 "땅의 만민이 주의 이름을 알고 주의 백성 이스라엘처럼 경외"하도록 하는 것이다. 여기서 '경외'라는 말은 단순한 두려움이나 존경이 아니라 한 마음으로 드리는 충성과 헌신, 즉 신뢰와 믿음의 동의어로 쓰인 것이다.[20] 따라서 이 간구는 "땅의 만민이" 하나님의 존재를 알고 경외하여 그분의 백성이 되기를 바라는 것이라 하겠다. 이러한 솔로몬의 기도는 오순절에 일어날 일을 미리 예견한 것처럼 보인다. 그리고 또 다른 한 가지 목적은 "내가 건축한 이 성전을 주의 이름으로 일컫는 줄을 알게"하는 것인데, 이는 하나님께서 성전의 합법적인 소유주가 되시는 것을 인정하도록 하는 것이다.[21] 곧 만국에서 온 이방인

---

16. 출2:22; 18:3; 신14:21; 15:3; 17:15; 23:21; 29:21; 삿19:12; 삼하15:19; 왕상8:41,43; 11:1,8; 사2:6; 욥11; 습1:8; 룻 2:10; 애5:2; 스10:2,10~11,14,17~18,44; 느13:26~27. R. Martin-Achard, "nkr," *THAT* II, 67~68.

17. Josephus, *Against Apion* 2, 29 (210).

18. 히브리어 본문은 '외국인(נָכְרִי, *nŏkrī*)'이라고 단수로 쓰였는데, 이는 집합명사로 보아야 할 것이다.

19. 한글번역의 "위하여"는 의미전달이 잘 되지 않는다. 히브리어 '러마안'은 '~을 위하여' 혹은 '~때문에'로 번역되는데, 여기서는 의미를 명확하게 하려면 '~ 때문에' 혹은 '말미암아'라고 번역하는 것이 낫다(시25:11; 31:4; 109:21; 143:11). 칠십인역(διά)과 불가타(propter)도 후자로 번역했다.

20. 신득일, "구약에 나타난 야웨(하나님) 경외의 삶," 『구속사와 구약신학』 (서울: CLC, 2017), 330.

21. "이 성전을 주의 이름으로 일컫는다"라는 말은 문자적으로 '당신의 이름이 이 성전에 대해서 선포되다'라고 번역

들이 성전을 중심으로 하나님을 섬기게 되는 것을 뜻한다. 왜냐하면 성전이 세상과 하나님 사이의 필수적인 연결점이 되기 때문이다.[22]

이렇듯 이방인을 위한 솔로몬의 기도는 이스라엘의 종교에 이미 민족을 초월하는 특징이 있음을 말해준다.[23] 즉 솔로몬의 기도는 여호와 하나님께서 만민의 하나님이시기 때문에 이방인들도 이스라엘 백성과 같이 하나님을 경외하도록 구하는 기도이다. 이방인들이 하나님의 이름과 그분의 능력으로 인하여 이스라엘로 오는 것은 하나님의 위대한 구원의 소식을 전하는 선교의 결과일 것이다.

(4) 레위인의 노래 대상16:8~9; 23~31

본문의 배경은 다윗이 언약궤를 기럇여아림에서 예루살렘으로 옮긴 후 언약궤 앞에서 하나님을 경배하는 것이다. 다윗은 아삽과 그의 형제들에게 이 감사의 찬송을 부르게 했다. 그래서 본문은 레위인이 불러야 할 찬송인데, 이 찬송가운데 선교의 모티브가 나타난다.

다윗은 레위인들에게 여호와의 이름을 부르고, 만민 중에 그분께서 행하신 일들을 알게 하고, 그분의 모든 놀라운 일을 전파하라고 했다대상16:8-9. 한글성경에서 '아뢰다'는 왕같이 지체 높은 사람에게 알려주는 것에 대한 존칭어인데, 이 문장에서는 좀 어색해 보인다. 한편 여기서 "그가 행하신 일들"과 "그의 모든 놀라운 일들"은 출애굽과 율법수여, 가나안 정복 등이 포함된, 이스라엘을 위해 행하신 하나님의 모든 구속사역을 의미한다. 다윗은 레위인들을 통해 온 세상의 백성들에게 하나님께서 행하신 이 위대한 사역들이 전파되도록 했다. 그런

된다. 이 표현은 법적인 의미를 지니며, 재산의 경우에는 새로운 소유주를 공식적으로 선언하는 전문용어이다. C. J. Labuschagne, "qr'," THAT II, 671.

22. S. Tuell, *First and Second Chronicles*, Interpretation (Louisville, Ky.: John Knox Press, 2001), 136.

23. Noordtzij, *II Kronieken* (Kampen: Kok, 1957), 114.

데 사실 하나님과 그분의 이름을 찬송하고 그분의 행위를 전파하는 것은 레위인들만이 아니라 온 이스라엘이 받아야 할 사명으로 여겨졌을 것이다. 그리고 이는 제사장 나라의 임무를 잘 보여준다.

그들은 또한 온 땅으로 하여금 여호와께 노래하고 그분의 구원과 영광과 기이한 행적을 선포하고 노래하도록 해야 했다대상16:23~24.[24] 여기서 '온 땅'이란 '모든 민족'에 대한 환유법으로 보기보다는 이스라엘의 통일왕국으로 보아야 할 것이다. 순차적으로 볼 때, 이것이 그 영광을 모든 민족 중에, 그의 기이한 행적을 만민 중에 선포하는 상황에 적합해 보인다. 여하튼 이스라엘은 "날마다" 하나님의 놀라운 구원사역을 전파해야 했다.

레위인의 노래는 만국의 모든 신은 헛것이라는 논증polemic과 함께 하나님께서 창조주로서 지존하는 분이심을 알려준다대상16:25~27. 레위인들이 여러 나라의 종족들에게 영광과 권능을 여호와께 돌리라고 요청하며 노래하는 것은 백성이 하나님의 위대한 구원을 전파한 결과로 나타날 것이다대상16:28~29. 그것은 명실상부하게 여호와 하나님께서 만국을 통치하시는 것을 인정하는 것으로 나타난다대상16:31. 다윗이 레위인으로 하여금 이렇게 노래하도록 한 것은 이스라엘이 제사장 나라로서 하나님의 구원 역사를 전파함으로써 만국과 하나님 사이의 중재자 역할을 하도록 한 것이라고 볼 수 있다. 따라서 이 본문은 이스라엘이 전해야 할 내용과 대상 그리고 방법까지 제시하면서 선교에 대한 교훈을 주는 것이라 하겠다.

---

24. 이 구절과 이어지는 본문은 시편 96편의 내용과 거의 일치한다.

3. 이스라엘과 이방인의 접촉

이스라엘은 제사장 나라로서 만국이 주께로 돌아오는 데 중추적인 역할을 해야 할 사명을 가졌다. 그런데 이 사명이 이방인 개인에게 실제로 적용되었는지 살펴보는 것도 의미 있는 일이다. 이 단락에서는 이와 관련해 긍정적인 결과를 가져왔거나 그렇게 보이는 몇 사람을 언급하도록 하겠다.

(1) 라합수2:9~14

여호수아는 여리고를 탐지하기 위해서 싯딤에서 정탐꾼을 여리고로 보냈다.[25] 이 책의 제1장에서 보았듯이, 당시 정탐꾼을 파송한 목적은 두 가지로 요약된다. 곧 직접적인 것은 하나님께서 약속하신 말씀이 진실하다는 것이고, 부가적인 것은 라합과 그 가족이 구원받는 것이다. 라합은 이스라엘의 하나님께서 최고의 신인 것을 고백하고 자신과 가족의 보호를 요청했다. 정탐꾼도 그런 라합에게 여호와께서 인자와 진실로 대하실 것이라고 말함으로써 보호를 약속했다. 이로써 그녀와 그 가족은 구원을 받았다행16:33. 결국 라합은 믿음으로 메시아의 반열에 들고 예수 그리스도의 조상이 되는 복을 누렸다마1:5. 물론 이 본문을 가지고 선교에 관해 말하기는 어려울 것이다. 비록 정탐꾼이 하나님의 자비와 신실하심을 언급하기는 했지만, 그것은 라합의 요청에 대한 답변이었지 복음을 제시하거나 믿음을 요구하는 발언이 아니었다. 그보다 라합이 구원받은 것은 우리를 구원하시기 위해 메시아의 길을 열어 가시는 하나님의 계획에 속한 것으로 봐야 할 것이다.

---

25. 싯딤은 바로 요단 동편과 사해 북쪽에 위치한 아벨-싯딤(민33:49)과 같은 지역으로 본다. Joel C. Slayton, "Shittim (Place)," *ABD*, 1222.

(2) 룻룻1장

　나오미는 아들들이 죽은 후에 현실적인 판단에 따라 자부들에게 각자의 친정으로 돌아가라고 권했다. 시어머니인 나오미의 집요한 설득에도 불구하고 룻은 놀랍게도 오르바와 달리 나오미를 따랐다. 룻이 시어머니를 따르겠다고 하면서 한 말은 일종의 신앙고백으로 들리기까지 한다. "어머니께서 가시는 곳에 나도 가고 어머니께서 머무시는 곳에서 나도 머물겠나이다 어머니의 백성이 나의 백성이 되고 어머니의 하나님이 나의 하나님이 되시리니 어머니께서 죽으시는 곳에서 나도 죽어 거기 묻힐 것이라"룻1:16b~17a.

　그런데 룻의 발언 자체에는 국적을 바꾸는 의미가 있긴 하지만, 여러 주석가들이 주장하듯이, 다신론에서 유일신론으로 회심하거나 개종하는 의미가 있는 것은 아니다.[26] 또한 스미스Smith가 주장하듯이, 룻이 사용하는 언어의 양식에는 언약적인 성격이 있기도 하지만왕상22:1~4; 왕하3:4~7,[27] 그렇다고 언약관계에 들어가는 것으로까지 보기는 어렵다. 왜냐하면 나오미가 자부들에게 "내 딸들아"라고 부르면서 이미 그 관계를 표현했기 때문이다룻1:13. 굳이 언약과 관련짓는다면 이미 맺어진 관계를 다시 확약하는 요소 정도는 있다고 하겠다. 그런데 여기서 언약이란 가족관계를 형성함으로써 하나님의 언약의 범주에 들어오는 것이기 때문에cf. 창17:13, 그들은 이미 언약백성이 된 것이다. 물론 전체적으로 이 말이 하나님과의 언약적 관계를 의미하는 것은 아니다. 그보다 우선 이 말로써 룻은 나오미와 가족적인 연대를 지속하려는 열망을 표현한 것으로 보인다. 이것은 고대 이스라엘에서 여인이 결혼하면 시댁 식구가 되는 관습에 충실한 행

---

26. J. G. Harris, et al., *Joshua, Judges, Ruth*, UBCS (Grand Rapids, MI: Baker Book, 2012), 322.
27. Mark S. Smith, "'Your People Shall Be My People': Family and Covenant in Ruth 1:16~17," *Catholic Biblical Quartly* 69 (2007) 245~246.

동이기도 하다.[28]

한편 룻이 한 말에는 하나님에 대한 개인적인 신앙고백의 요소도 있지만, 그보다는 전체적인 틀에서 나오미에 대한 사랑을 표현한 것으로 봐야 한다. 즉 그녀는 나오미와 같이 되고 싶었다. 어머니와 동행 및 동거할 뿐 아니라 어머니의 신과 백성이 곧 자신의 신과 백성이 될 것이라는 것은 자신의 정체성을 나오미와 함께 공유하겠다는 것이다. 죽어서 무덤까지 같이 가는 것은 사랑을 넘어서 일종의 집착에 가깝다. 한편 "왜냐하면ki"이라는 접속사가 이끄는 종속절에서 룻의 선택과 행동은 나오미에게 달려 있다룻1:16. 이는 해설자가 "룻은 그녀에게 달라붙었다"라고 언급한 것에서도 알 수 있다룻1:14b. 또한 "만일 내가 죽는 일 외에 어머니를 떠나면 여호와께서 내게 벌을 내리시고 더 내리시기를 원하나이다"룻1:17b에서 룻은 자신의 발언에 대해 오직 이스라엘에서만 사용하는 서약 형식인 여호와의 이름으로 맹세하면서까지 자기저주를 내렸다. 이때 구문론적으로 애매한 접속사 '키'는 강조의 뜻으로, 룻은 죽음만이 둘의 관계를 갈라놓을 수 있다고 생각했다.[29]

룻의 맹세가 전체적으로는 그녀와 나오미가 가족이 되는 것에 초점을 두고 있지만, 여기에는 또 다른 중요한 내용이 포함되어 있다. 그것은 여호와 하나님과의 관계이다. 물론 룻이 여호와를 선택한 데는 나오미의 선교적 영향이나 교육이 있었다고 보기는 어렵다. 왜냐하면 앞에서 보았듯이, 나오미는 룻에게 언약적으로 선한 영향을 끼치기는커녕 오히려 선교를 방해하는 처신을 했기 때문이다. 가령, 나오미의 가정이 기업을 버리고 떠난 것과 자녀의 이방인 결혼, 그리고 종교다원주의적 입장은 룻이 여호와 하나님만을 섬기는 환경에서 살지 않았을 것이라는 가정을 정당화시킨다.

---

28. Roland de Vaux, *Ancient Israel* (New York: McGraw-Hill Book Company, 1961), 28.
29. B. Conklin, *Oath Formulas in Biblical Hebrew* (Winona Lake, IN: Eisenbrauns, 2011), 1~2.

하지만 이 지점에서 하나님의 '선택의 표'가 나타난다.[30] 즉 룻의 선택과 맹세는 하나님의 주권적인 선택이 드러난 것으로 볼 수밖에 없다는 것이다. 룻은 여호와 하나님에 대해서 들었겠지만, 그 위대하고 은혜로우신 분에 대해서는 경험할 수 있는 형편이 아니었다. 그런데도 그녀가 하나님을 선택한 것은 오직 하나님께서 역사하셨다는 것 외에 설명할 길이 없다. 따라서 이 사건은 이스라엘의 선교라고 말하기보다는 언약에 불충한 가정에서조차 하나님께서 특별하게 행하신 구원 역사이자 우리의 구원을 위해서 일하시는 하나님의 열심을 드러내는 것이라 하겠다. 이 본문을 굳이 선교와 관련시킨다면 나오미를 반면교사로 삼을 수 있다는 것이다.

(3) 나아만왕하5:15~19

나아만은 요단강에서 일곱 번 몸을 담그고 난 후 엘리사 앞에서 사의를 표했다. 그때 그는 이스라엘의 하나님을 지존자로 인정했다. "내가 이제 이스라엘 외에는 온 천하에 신이 없는 줄을 아나이다 청하건대 당신의 종에게서 예물을 받으소서"15절. 나아만은 엘리사에게 감사의 선물을 몇 차례 제시했지만, 엘리사는 하나님의 이름을 언급하면서 한사코 거절했다. 이로써 그는 이방인 앞에서 자신이 봉사에 대한 대가를 받는 마법사가 아니라, 위대하고 은혜로우신 하나님의 말씀을 전하는 종이라는 사실을 드러내었다.

그러자 나아만은 엘리사에게 한 가지 요청을 한다. "그러면 청컨대 노새 두 마리에 실을 흙을 당신의 종에게 주소서 이제부터는 종이 번제물과 다른 희생제사를 여호와 외 다른 신에게는 드리지 아니하고 다만 여호와께 드리겠나이다"5:17. 이로 보건대 나아만의 믿음은 특히 각 신은 자기의 땅에 매여 있다는 이

---

30. Cnossen, *The Significance of the Book of Ruth*, 49.

교적인 미신과 혼합되어 있음을 알 수 있다.[31] 그래서 그는 이스라엘 땅의 흙으로 만든 제단에서만 여호와 하나님께서 경배를 받으실 수 있다고 믿었던 것 같다.

그런데 여기서 그에게 한 가지 고민거리가 생겼다. 그것은 자기 나라로 돌아갔을 때 다른 신하와 같이 그 또한 왕과 함께 공식적인 종교행사에 참석해야 하는 것이었다. 그래서 그는 이 일과 관련해 엘리사에게 이렇게 청했다. "내 주인께서 림몬의 신당에 들어가 거기서 경배하며 내 손을 의지하시매 내가 림몬의 당에서 몸을 굽히오니 내가 림몬의 당에서 몸을 굽힐 때에 여호와께서 이 일에 대하여 당신의 종을 용서하시기를 원하나이다"5:18. 여기서 림몬Rammānu, 우레의 신은 아람의 바알이자 만신전의 최고신으로 알려진 '하닷Hadad'이다'하다드 림몬', 슥12:11.[32] 다시 말해 그는 자신이 이교의 종교의식에 참여할지라도 이스라엘의 하나님을 부인한다는 인상을 주고 싶지 않았던 것이다.

이런 나아만의 요청에 엘리사는 "너는 평안히 가라"고 간단하게 인사만 했을 뿐이다. 그런데 이 답변과 관련해 많은 논쟁이 있다. 먼저 어떤 주석가는 엘리사가 나아만의 요청을 승인한 것이라고 주장한다.[33] 왜냐하면 당시는 신자들이 이방종교와 관련된 모든 것과 완전히 단절해야 하는 신약시대와 다르기 때문이라는 것이다. 하지만 이와 반대로 엘리사는 나아만의 요청을 고려할 가치가 없는 것으로 판단하고 '그냥 돌아가라'는 의미에서 대답한 것이라고 생각할 수도 있다. 사실 나아만이 여호와의 이름을 부르며 그분께만 번제를 드리겠다고 말한 그의 믿음은 이교적인 의식구조에서 비롯된 것이었다. 그럼에도 여기

---

31. M. B. van 't Veer, *De beide boeken der Koningen* (Kampen: J. H. Kok, 1947), 171.

32. J. C. Greenfield, "Hadad," ed. Karel van der Toorn, Bob Becking, and Pieter W. van der Horst, *Dictionary of Deities and Demons in the Bible* (Leiden; Boston; Köln; Grand Rapids, MI; Cambridge: Brill; Eerdmans, 1999), 379.

33. 월터 C. 카이저, 『구약성경과 선교』, 임윤택 옮김 (서울: CLC, 2013), 109; Paul R. House, *1, 2 Kings*, vol. 8, The New American Commentary (Nashville: Broadman & Holman Publishers, 1995), 274.

서 중요한 것은 나아만이 자신의 문제를 해결하면서 이스라엘의 하나님의 이름을 고백했다는 것이다. 그리고 이것은 하나님께서 자기 백성인 이스라엘을 부끄럽게 하는 것이기도 했다.[34]

다시 말해 나아만이 여호와 하나님을 믿고 구원받았는가가 중요한 것이 아니라 그가 하나님의 말씀을 듣고 여호와를 고백한 것만으로도 충분했다는 것이다. 뿐만 아니라 이 사건은 당시 이스라엘 백성의 배교행위와 언약의 하나님에 대한 그들의 무관심으로 말미암아 그들에게 내려진 심판의 정당성을 보여주는 것이기도 했다. 이는 나사렛 회당에서 예수님께서 주신 경고와도 같은 것이다. "선지자 엘리사 때에 이스라엘에 많은 나병환자가 있었으되 그 중의 한 사람도 깨끗함을 얻지 못하고 오직 수리아 사람 나아만 뿐이었느니라"눅4:27. 이런 점에서 나아만의 회복과 그의 고백은 선교를 통한 이방인의 구원에 초점을 둔 것이 아니라, 계시역사 속에서 하나님께서 이방인보다도 못한 자기 백성을 부끄럽게 만드는 하나의 경고로 사용되었다고 하겠다.

4. 나가면서

구약 역사서에서 나타나는 분명한 선교의 메시지는 드보라의 노래와 레위인의 찬양, 그리고 솔로몬의 기도에서 잘 나타난다. 그것은 하나님께서 모든 헛된 신들보다 뛰어나시며, 그것들과는 비교할 수 없는 분이심을 알리는 것이다. 또한 여호와께서는 이스라엘의 하나님이 되실 뿐만 아니라 만국의 통치자가 되시기 때문에, 궁극적으로 온 땅의 백성들이 여호와께로 돌아와 그분을 찬양하게

---

34. G. van Rongen, *Elisa, de profeet* (Groningen: De vuurbaak, ND), 116~117.

될 것이라고 말하는 것이다. 이와 같은 사명은 이스라엘이 제사장 나라로서 감당해야 할 부분이다. 다윗의 언약은 구체적인 선교의 내용을 언급하지 않지만, 만국을 다스리는 메시아의 보좌를 통해서 선교에 대한 암시를 보여준다. 교회는 이런 본문으로 선교에 대해 적절한 메시지를 줄 수 있다.

그러나 구약 역사서가 보여주는 실제적인 역사들은 선교라기보다는 이스라엘이 제사장 나라로 갖추어가는 모습을 보여준다고 하겠다. 가령, 이스라엘의 초기 역사는 왕국건설을 위한 과정을 보여주고, 통일왕국의 역사는 성전을 중심으로 한 왕국의 영광을 제시하고, 후기 분열왕국의 역사는 나라가 붕괴되고 제국에 편입되는 형편을 보여준다. 이러한 전체 역사에서 이스라엘은 선교의 사명을 감당하기 이전에 자신의 정체성이 달려있는 언약에 집중해야 했다. 이스라엘이 멸망한 것은 선교의 실패라기보다는 언약에 신실하지 못했기 때문이다. 여러 나라와 민족, 개인이 이스라엘과 접촉했지만, 그들이 이스라엘이 전하는 복음의 내용을 듣고 하나님의 자녀가 되었다는 말은 들을 수 없다.

선교와 관련된 역사서의 본문들과는 달리 전체 역사서에서의 이스라엘은 선교를 위한 예비단계에 있었다고 봐야 한다. 그런데 하나님의 계시역사는 그 범위가 점점 확대되었다. 따라서 선교에 대한 명령이 분명하게 드러나는 부분에서는 복음이 확산되는 것 같은 원심력이 보이기도 하지만, 계시역사의 흐름과 실제 역사를 볼 때 구약 역사서의 선교는 구심적이라고 할 수 있다.

제10장

고난

1. 들어가면서

역사서에서 집중적으로 고난을 다룬 책은 없다. 다만 이스라엘의 건국과 정착 그리고 패망과 재건의 과정에서 나타나는 다양한 형태의 고난이 두드러질 뿐이다. 그것은 개인적이기도 하고 국가적이기도 하다. 이 장에서 약 천년에 걸친 역사를 기록한 방대한 역사서에서 나타나는 고난과 관련된 모든 사건을 다룰 수는 없다. 다만 고난이란 주제를 몇 개의 범주로 나누어서 역사서에 나타난 고난이 이 시대에 주는 메시지가 무엇인지 살펴볼 것이다.

2. 고난의 표현

한글성경 개역개정판에는 '고난'이란 말이 네 번 나온다왕하14:26; 대하15:6; 18:26; 느9:9.[1] 하지만 같은 단어로 보이는 이 단어들은 사실 세 가지 히브리어 단어를 번역한 것이다. 그 세 가지 단어들은 '오니´onî'왕하14:26; 느9:9, '차라ṣārā'대하15:6, '라하츠lāḥaṣ'대하18:26이다. 여기서 '오니'는 고통, 고난, 퇴락, 압제 등과 같이 다양한 형태의 고난을 표현하는 일반적인 낱말이다.[2] 그런데 개역개정은 같은 단어'오니'를 역사서의 다른 부분에서는 '고통'삼상1:11이나 '환난'대상22:14으

---

1. 열왕기하 14장 26절, "이는 여호와께서 이스라엘의 고난이 심하여 매인 자도 없고 놓인 자도 없고 이스라엘을 도울 자도 없음을 보셨고."

역대하 15장 6절, "이 나라와 저 나라가 서로 치고 이 성읍이 저 성읍과 또한 그러하여 피차 상한 바 되었나니 이는 하나님이 여러 가지 고난으로 요란하게 하셨음이라."

역대하 18장 26절, "왕이 이같이 말하기를 이 놈을 옥에 가두고 내가 평안히 돌아올 때까지 고난의 떡과 고난의 물을 먹게 하라 하셨나이다 하니."

느헤미야 9장 9절, "주께서 우리 조상들이 애굽에서 고난 받는 것을 감찰하시며 홍해에서 그들의 부르짖음을 들으시고."

2. R. Martin-Achard, "ענה," *TLOT*, 934.

로 번역했다.[3] '차라'의 경우에도 역사서의 다른 곳에서는 '고통'삼상10:10이나 '환난'대하20:9으로 번역했다.[4] 반면에 '라하츠'는 '억압'의 의미를 지니기에 '학대'왕하13:4, '고생'왕상22:27 등으로 번역되었다.[5]

이외에도 고난으로 번역되기보다 '괴로움'으로 번역된 '마라*mārā*'라는 낱말룻1:20과[6] '괴롭히다고통당하다'로 번역된 '아카르*ākar*' 같은 단어들수6:18; 7:25a도 고난이라는 의미를 지닌다.[7] 또 '재앙'으로 번역된 '막게파*maggēfā*'라는 단어도 있다삼상4:17; 6:4; 삼하17:9; 18:7; 24:21,25. 그리고 '곤고'로 번역된 '아말*āmāl*'에도 고난의 의미가 있다삿10:16.

이와 같이 역사서에서의 고난은 한 가지 표현만이 아니라 히브리어나 한글로 다양한 단어들을 사용한다. 비록 그 표현들 각각의 기본적인 의미는 조금씩 다를 수 있지만 그 용어들이 나타내는 개인이나 집단이 겪는 신랄한 경험들은 모두 포괄적인 의미에서 고난으로 볼 수 있다. 그래서 고난을 다루는 이 장에서는 단순히 '고난'이라는 단어 그 자체에 국한되기보다 고통과 환난, 재난, 압제 등과 관련된 역사를 함께 다룰 것이다.

---

3. 사무엘상 1장 11절, "서원하여 이르되 만군의 여호와여 만일 주의 여종의 고통을 돌보시고 나를 기억하사 주의 여종을 잊지 아니하시고 주의 여종에게 아들을 주시면 내가 그의 평생에 그를 여호와께 드리고 삭도를 그의 머리에 대지 아니하겠나이다."
   역대상 22장 14절, "내가 환난 중에 여호와의 성전을 위하여 금 십만 달란트와 은 백만 달란트와 놋과 철을 그 무게를 달 수 없을 만큼 심히 많이 준비하였고 또 재목과 돌을 준비하였으나 너는 더할 것이며."
4. 이 단어는 아카드어 *ṣarāru*(싸다, 묶다)에서 파생된 것으로 본다. J. Black, A. George, N. Postgate (eds), *A Concise Dictionary of Akkadian* (Wiesbaden: Harrassowitz Verlag, 2000), 334.
5. 이 단어는 아랍어와 서북 셈어에만 나타나는데, 모두 '누르다'를 의미한다. J. Reindl, "לחץ," *TDOT*, 529.
6. 룻기 1장 20절, "나오미가 그들에게 이르되 나를 나오미라 부르지 말고 나를 마라라 부르라 이는 전능자가 나를 심히 괴롭게 하셨음이니라."
7. 여호수아 6장 18절, "너희는 온전히 바치고 그 바친 것 중에서 어떤 것이든지 취하여 너희가 이스라엘 진영으로 바치는 것이 되게 하여 고통을 당하게 되지 아니하도록 오직 너희는 그 바친 물건에 손대지 말라."
   여호수아 7장 25a절, "여호수아가 이르되 네가 어찌하여 우리를 괴롭게 하였느냐 여호와께서 오늘 너를 괴롭게 하시리라."

3. 고난의 원인

역사서에서의 고난은 주로 개인이나 국가가 하나님의 심판으로 겪게 되는 재난이나 호된 경험을 말한다. 물론 간혹 한 개인이 무고하게 당하는 고난이 있을 수도 있지만 말이다. 여하튼 역사서에서의 고난의 원인은 주로 개인적으로나 국가적으로 하나님의 언약을 저버린 것과 관련된다삿2:20; 왕상11:11; 왕하18:12; 느13:29. 특히 역사서는 하나님께서 주로 신명기 언약에 기초해 그분의 백성에게 복과 저주를 내리시는 것으로 서술된다. 즉 신명기 28장에 명시된 하나님의 저주가 백성들의 입장에서는 고난으로 다가오는 것이다. 심지어 그들이 겪는 재앙이 자연적인 재난이나 군사적인 재난이라 할지라도, 그것을 하나님의 언약적 심판으로 말미암은 것이라고 생각한다.

언약은 하나님과 그분의 백성이 맺은 은혜의 관계를 의미한다. 즉 이스라엘 백성은 하나님의 은혜를 받은 백성이다. 따라서 이스라엘 백성이 개인으로든, 민족으로든 하나님의 말씀에 불순종하는 것은 곧 하나님의 언약을 파기하는 것이다. 이는 하나님의 은혜를 저버리는 배은망덕에 해당된다. 그런데 이런 배은망덕과 불순종의 중심에 있었던 것이 바로 우상숭배다. 즉 하나님의 언약을 떠난 이스라엘은 적극적으로나 소극적으로 언제나 우상숭배와 연루되었다. 그래서 이스라엘의 죄는 근본적으로 우상숭배로 나타났으며, 그들이 짓는 도덕적인 죄 역시 종교적인 것과 무관하지 않았다. 물론 언약의 규정을 지키지 않는 모든 경우에서 반드시 하나님의 언약적 심판이 임하는 것은 아니다수9:15; 왕하14:25~27. 즉 하나님의 언약적 저주나 심판은 자동적으로 또는 기계적으로 작동하는 것이 아니라 하나님의 자유로운 주권에 의해 나타나는 것으로 봐야 한다.

(1) 개인적인 고난

1) 나오미의 고난

나오미는 전능자가 자신을 괴롭게*mārā* 하셨다고 했다룻1:22. 그가 당한 괴로움은 풍족한 삶으로 나갔다가 빈손으로 돌아온 것이었다. 물론 그 빈손의 핵심은 남편과 아들의 죽음을 의미할 것이다. 그런데 이 경우는 하나님께서 이유 없이 나오미에게 고통을 주신 것이 아니다. 오히려 그것은 언약적 심판과 관련이 있다. "여호와께서 나를 징벌하셨고 전능자가 나를 괴롭게 하셨거늘"룻1:21. 여기서 '징벌'에 해당하는 히브리어 단어는 '아나*ānā*'인데, 이는 단순히 '응답하다'라는 의미가 아니라 하나님과 인간 사이에서 하나님께서 법적으로 반응하는 것을 의미한다.[8] 즉 이것은 언약적 의미와 연결된다.

엘리멜렉의 가정은 베들레헴에 기근이 들어 모압 땅으로 그들의 거처를 옮겼다. 우리는 그들의 이주를 두고 과거 족장들의 예를 들면서, 약속의 땅에 기근이 있을 때는 양식을 찾아 이방인의 나라로 가서 살 수도 있다고 말해서는 안 된다. 왜냐하면 족장들이 가나안 땅에 기근이 들어 애굽으로 이주했을 때는 아직 약속의 땅을 기업으로 받지 않은 상태였기 때문에 생존을 위한 이주가 별로 문제될 것이 없었다. 그러나 이스라엘의 각 지파가 약속의 땅을 기업으로 받은 상태에서는 그 땅을 떠나서는 안 되었다. 그런데 언약에 신실하신 하나님께서 그 땅의 풍요를 약속하셨는데도신28:12, 그 땅에 기근이 있었다는 것은 당시 백성들의 죄로 말미암아 언약적 심판을 받은 것이라고 봐야 한다.

엘리멜렉 가정의 이주도 이런 관점에서 살펴야 한다. 즉 약속의 땅에 기근이 있었다면 그들은 자신의 죄를 회개하고 하나님께로 돌이켜야 했다. 그들이 회개한다면 하나님께서는 언제나 그들을 회복시키실 것이라는 약속도 함께 허락

---

8. F. J. Stendebach, "עָנָה," *TDOT*, 224.

하셨다신30:10. 그러나 엘리멜렉의 가정은 하나님의 언약을 저버리고 모압 땅에서 잘 차려진 식탁을 선택했다. 뿐만 아니라 나오미는 자녀들이 모압 연인들과 결혼하는 데 아무런 반대도 하지 않았고, 오히려 아들들이 죽자 자부들에게 그들의 민족과 신에게로 돌아가라고 강권하기까지 했다. 이 모든 행동들이 언약에 반하는 것이었다. 그래서 나중에 나오미 자신도 그녀의 불신앙적인 태도 때문에 전능자가 자신을 괴롭게 하셨다고 고백하는 것이다.

2) 다윗의 고난

압살롬은 자신의 여동생이 다윗의 장남이자 그들의 이복형제인 암논에게 강간당한 사건과 관련해 다윗이 적절한 조치를 취하지 않자, 이에 불만을 품고 암논을 살해했다삼하13:28~29. 그 후 압살롬은 다윗을 피해 어머니의 나라인 그술로 가서 거기서 삼 년을 보내며 망명생활을 하던 중 요압의 지혜로운 중재로 다윗의 용서를 받게 된다삼하14:21. 이후 압살롬은 예루살렘으로 와서 이틀 만에 왕과 대면하기는 했지만 불편한 관계가 지속되었고, 결국 이 년 만에 반란을 일으켜 왕위를 차지하려는 음모를 꾸몄다.

그는 먼저 백성의 환심을 사서 동지를 모으고 거사준비가 끝난 후에 다윗이 왕이 된 헤브론으로 가서 스스로 왕이 되었다. 그런 다음 상당한 병력을 동원해서 예루살렘으로 진격했는데, 그때는 이미 이스라엘의 민심이 모두 압살롬에게로 돌아서 있었다. 이 소식을 들은 다윗은 결국 예루살렘 성을 버리고 도피할 수밖에 없었다삼하15:14.[9] 그런데 예루살렘을 손쉽게 점령한 압살롬은 당장에 다윗을 추격하자는 아히도벨의 계책을 거부하고, 전 이스라엘을 집결시켜 다윗과 그 일당을 덮치자는 후새의 모략을 따름으로써 사실상 기회를 놓치고 말았

---

9. 다윗은 요단 동편으로 피신했는데, 이는 아마도 거기에 몇몇 주둔 부대는 물론 자신이 신뢰할 수 있는 친구와 봉신들이 있었기 때문일 것이다(삼하17:27~29).

다.[10] 이에 아히도벨은 자신의 모략이 성사되지 못하자 고향으로 돌아가서 목매어 자살했다삼하17:23. 그리고 뒤늦게 다윗을 찾아 나선 압살롬의 군대는 재정비된 요압의 군대에 의해 격파당했다. 결국 압살롬도 요압에게 죽임을 당했다삼하18:14. 요압은 압살롬을 선처하라는 다윗의 명령을 무시하고 그를 죽였다. 다윗은 압살롬의 죽음에 크게 슬퍼했다삼하18:33.[11] 그의 죽음으로 반란은 와해되었고, 이스라엘의 전 지역에서 돌아온 백성들은 다윗과 서둘러 화해하고 그를 왕위에 복귀시켰다삼하19:9~10.

압살롬이 반란을 일으킬 당시에 다윗의 절박한 상황과 그의 기도와 확신은 시편 3편에 잘 묘사되어 있다. 그러나 그에게 가장 큰 고통은 아무래도 아들 압살롬의 죽음일 것이다. 여하튼 압살롬의 반란으로 말미암아 다윗이 당한 고난은 그가 우리아를 죽이고 밧세바를 아내로 빼앗은 죄에 대한 심판의 일부로 주어진 것이다삼하12:10~11.

(2) 집단적 고난

1) 아간의 죄로 인한 이스라엘의 고통

아간의 죄는 개인적이었지만 그 결과는 이스라엘 온 공동체에 미쳤다수22:20.[12] 개인의 죄가 집단에게 미쳤던 이 사건은 이미 하나님께서 경고하신 것이었다. "너희는 온전히 바치고 그 바친 것 중에서 어떤 것이든지 취하여 너희

---

10. 압살롬을 지지하는 사람들 중에는 베냐민 지파도 있었겠지만, 다윗의 측근들도 꽤 있었다. 특히 다윗의 모사였던 아히도벨이 다윗을 배반했고, 다윗의 친척 아마사도 압살롬의 장군이 되었다. 뿐만 아니라 많은 유다 사람들도 압살롬을 지지했다. 이는 반란이 무위로 끝났을 때 유다 사람들이 다윗에게 접근하는 것을 꺼렸던 것을 보면 알 수 있다(삼하19:11~15).
11. 사무엘하 18장 33절, "왕의 마음이 심히 아파 문루로 올라가서 우니라 저가 올라갈 때에 말하기를 내 아들 압살롬아 내 아들 내 아들 압살롬아 내가 너를 대신하여 죽었더면, 압살롬 내 아들아 내 아들아 하였더라."
12. 여호수아 22장 20절, "세라의 아들 아간이 온전히 바친 물건에 대하여 범죄하므로 이스라엘 온 회중에 진노가 임하지 아니하였느냐 그의 죄악으로 멸망한 자가 그 한 사람만이 아니었느니라 하니라."

가 이스라엘 진영으로 바치는 것이 되게 하여 고통을 당하게 되지 아니하도록 오직 너희는 그 바친 물건에 손대지 말라"수6:18. 신명기 법에 따르면, 이방인인 가나안 사람들은 진멸시켜 여호와께 바쳐야만 했다신13:18. 가나안 사람들을 근절하는 것은 죄의 근본적인 유혹으로부터 이스라엘을 지키기 위해 계획된 것이었다신7:1-5. 따라서 아간이 하나님의 것을 헌납하지 않고 공동체의 사역에서 개인적인 이득을 취하고자 했던 것 역시 이스라엘 백성에게 죄의 유혹이 되었을 것이고, 이로 말미암아 아간과 그의 모든 소유가 파멸당한 것이었다고 할 수 있다수6:17; 7:1. 뿐만 아니라 그의 범죄는 개인적인 차원에서 끝나지 않고 이스라엘 전체에게 고통을 가져다 준 것이었다수7:25a. 그리고 그것은 하나님의 언약적 심판으로 주어진 고난이었다.

2) 이스라엘의 배교로 인한 국가적 고난

① 사사시대의 고난

사사시대에 나타난 이스라엘의 배교에 대해 사사기는 "이스라엘 백성이 (다시) 여호와의 목전에 악을 행하여……"라고 표현하였다삿2:11; 3:7; 3:12; 4:1; 6:1; 10:6; 13:1. 당시 이스라엘의 배교는 땅을 완전히 차지하지 못한 데서 연유되었고, 가나안 사람들을 쫓아내지 않고 그들과 함께 섞여 사는 데서 구체화되었다. 이스라엘은 가나안 사람과 결혼해 살면서 이미 언약의 공동체로서 가정이 깨어졌다. 물론 그 전에도 그들은 자녀들에게 여호와 하나님의 존재와 그분의 사역을 더 이상 가르치지 않았기 때문에 후세대 자녀들은 여호와 하나님을 알 수 없었다삿2:10.[13] 결국 이들의 영적인 무지로 말미암아 이스라엘은 바알을 여호와처럼 생각했고, 자신의 영적 충성을 인본주의의 근원이 되는 무가치한 우상에게 돌

---

13. 사사기 2장 10절, "그 세대의 사람도 다 그 조상들에게로 돌아갔고 그 후에 일어난 다른 세대는 여호와를 알지 못하며 여호와께서 이스라엘을 위하여 행하신 일도 알지 못하였더라."

렸다. 이러한 이스라엘의 배교는 가나안 정복을 무의미하게 만들었고, 언약공동체를 세속화시키는 결과를 초래했다.

이것이 사사기 전체를 지배하는 중요한 주제가 된다삿2:3,11~13,17,19; 3:6,7,12; 4:1; 6:1,10; 8:24~27,33; 10:6; 13:1; 17:6; 21:25. 즉 이스라엘의 이러한 배교행위가 사사시대 내내 하나님의 언약적 심판과 끊임없는 고통을 당하는 원인이 되었던 것이다. 그래서 사사기는 하나님의 심판으로 가득 차 있다. 필로 역시 사사기를 가리켜 '심판으로 알려져 기록된 책 이름'이라고 말했다.[14] 당시 백성들은 풍요를 구하기 위해서 풍산의 신들을 찾았지만, 정작 그들이 손에 잡은 것은 실제적인 굶주림과 압제와 영적인 고통뿐이었다삿6:1~6. 이것이 바로 그들에게 내린 하나님의 언약적 심판이었다삿2:1~3,20~22.

② 왕국시대의 고난

이스라엘은 통일 왕국 말기부터 줄곧 배교의 역사를 걸었다. 물론 유다의 몇몇 왕들은 여기서 제외될 것이다. 어쨌든 이스라엘이 남북으로 나누어지는 고통을 당한 것도 하나님의 언약적 심판으로 주어진 것이었다왕상11:33.[15] 무엇보다 솔로몬의 실책으로 말미암아 나라가 남북으로 나누어졌다고 할 수 있다. 그렇다고 여로보암이 통치하게 된 북이스라엘이 처음부터 불행한 미래를 안고 출발했던 것은 아니다. 언약을 신실하게 지킨다는 조건 아래에서 하나님께서는 여로보암에게도 다윗과 같은 영원한 왕위를 약속하셨다왕상11:38. 그렇지만 메시아

---

14. Philo, De confusione linguarum § 128. τοὔνομα ἐν τῇ τῶν κριμάτων ἀναγραφομένῃ βίβλῳ δεδήλωται. Peder Borgen, Kåre Fuglseth, and Roald Skarsten, *The Works of Philo*: Greek Text with Morphology (Bellingham, WA: Logos Bible Software, 2005).
15. 열왕기상 11장 33절, "이는 그들이 나를 버리고 시돈 사람의 여신 아스다롯과 모압의 신 그모스와 암몬 자손의 신 밀곰을 경배하며 그의 아버지 다윗이 행함 같지 아니하여 내 길로 행하지 아니하며 나 보기에 정직한 일과 내 법도와 내 율례를 행하지 아니함이니라."

의 길은 유다와 예루살렘에서 유지될 것이었다. 이는 아히야 선지자가 여로보암에게 "예루살렘에서, 내 앞에 내 종 다윗의 빛*nir ledawid*이 항상 있도록" 하리라는 약속에서 잘 나타난다.[16]

이렇듯 밝은 미래에 대한 하나님의 약속에도 불구하고 여로보암은 백성이 예루살렘으로 예배하러 가면 그들의 충성심을 잃게 될까봐 새로운 종교를 설립했다. 곧 그는 금송아지를 만들어 북쪽의 단과 남쪽의 벧엘에 두고 이것을 숭배하도록 만들었다. 이후로 그를 뒤이은 모든 북이스라엘의 왕들은 여로보암의 길을 따라 우상을 섬겼다. 결국 이스라엘의 수도 사마리아는 주전 722년에 앗수르에 의해서 함락되었고, 백성들은 유배되었다. 나라의 멸망으로 말미암아 그들이 당하게 된 고통은 하나님의 언약적 심판이었다왕하18:11~12.[17]

남유다의 역사는 북이스라엘과는 달리 모든 왕이 다윗 왕조에 속해 있었고, 정치적으로 안정을 누렸다. 유다에는 성전이 있었고, 레위인과 제사장들이 많아서 영적으로도 안정되었다. 게다가 몇몇 선한 왕들과 개혁을 단행한 왕들도 있었다. 때문에 유다는 북이스라엘보다 백 년 이상 존속했지만, 결국 그들 역시 우상숭배의 죄로 말미암아 주전 586년에 바벨론에게 멸망당하고 왕과 백성은 포로로 잡혀갔다. 나라의 멸망과 포로로 잡혀가는 그들의 고통은 언약에 불충한 백성에게 이미 경고된 것이 성취된 것이었다신28:26.

③ 다윗의 죄로 인한 이스라엘의 고난

다윗은 요압의 만류에도 불구하고 인구조사를 재촉했다삼하24:4. 사무엘서에

---

16. Shin, "The Translation of the Hebrew Term *Nīr*: 'David's Yoke'?," 7~21.
17. 열왕기하 18장 11~12절, "앗수르 왕이 이스라엘을 사로잡아 앗수르에 이르러 고산 강 가에 있는 할라와 하볼과 메대 사람의 여러 성읍에 두었으니 이는 그들이 하나님 여호와의 말씀을 듣지 아니하고 그의 언약과 여호와의 종 모세가 명령한 모든 것을 따르지 아니하였음이더라."

는 이 프로젝트가 마치 하나님의 주도로 이루어진 것처럼 기록되었지만, 역대기는 다윗이 사탄의 충동을 받아서 이스라엘을 계수했다고 기록한다대상21:1. 이렇게 두 기사가 다르게 나타난 것은 상호모순된 것으로 보이지만, 이 둘을 조화시키는 것은 어려운 일이 아니다. 사실 하나님께서는 사람이 죄를 짓도록 유혹하지 않으신다. 하나님께서는 죄의 원인자가 아니시기 때문이다. 그러나 하나님께서는 죄인들이 마음에 품은 욕망과 악한 의도를 드러내실 수 있고 또 그렇게 하신다.[18] 따라서 당시 인구조사의 계획은 다윗이 스스로 이룩한 거대한 나라를 확인하고자 하는 그의 자만심이 발동한 결과로 봐야 한다. 이것은 인구조사를 마친 후 다음과 같이 다윗이 자책하는 것을 통해서도 알 수 있다. "내가 이 일을 행함으로 큰 죄를 범하였나이다 여호와여 이제 간구하옵나니 종의 죄를 사하여 주옵소서 내가 심히 미련하게 행하였나이다"삼하24:10.

다윗은 갓 선지자의 책망을 받고 세 가지의 징벌 가운데 하나를 선택해야 했다24:13. 그는 삼 일 동안의 온역을 선택했다. 왕의 자만심 때문에 백성이 고통을 겪어야 했던 것이다. 하지만 하나님께서는 죽음의 천사가 예루살렘을 치는 것은 금지시키셨다삼하24:16. 아마도 다윗은 자신 때문에 고통당하는 백성을 보고 더 큰 고통을 느꼈을 것이다. "나는 범죄하였고 악을 행하였삽거니와 이 양무리는 무엇을 행하였나이까 청컨대 주의 손으로 나와 내 아비의 집을 치소서"삼하24:17. 그는 목자의 심정으로 백성을 생각했다. 그래서 곧바로 갓 선지자가 지시한 대로 여부스에 있는 아라우나의 타작마당에서 여호와께 단을 쌓고 희생제사를 드렸다. 그리고 이를 통해 하나님께서는 이스라엘에 내린 재앙막게파을 멈추셨다삼하24:25. 이러한 사건은 지도자의 죄로 말미암아 공동체가 겪게 되는 고난에 대해 잘 보여준다.

---

18. 신득일, 『101가지 구약 Q&A』 (서울: CLC, 2017), 121.

4. 고난의 목적

고난은 우연히 주어지는 것이 아니다. 그리스도인은 고난이 어떤 형태이든지 하나님의 주권 아래 있는 것임을 인정해야 한다.[19] 하나님께서는 만물을 통치하시되 자연적인 것과 초자연적인 것까지도 주관하신다. 이 말은 사탄의 공격으로 하나님의 백성이 고난을 당하는 것도 결국 하나님의 섭리와 무관하게 이루어지지 않는다는 뜻이다단4:35. 사실 악이 따로 존재하고 사탄이 하나님도 관여할 수 없는 독자적인 권리를 가진다고 주장하는 것은 마니교의 이원론 사상이다.[20] 따라서 다윗이 자신의 공적을 높이도록 사탄이 유혹한 것도 궁극적으로 하나님의 주권을 벗어난 것이 아니다. 심지어 열왕기는 솔로몬의 학정을 철회하지 않고 르호보암이 계속해서 잘못된 정책을 내림으로써 이스라엘이 분리된 것도 하나님에게서 말미암은 것이라고 기록한다왕상12:15. 그럼에도 불구하고 인간이 사탄의 유혹에 넘어가 죄를 짓는 것은 결국 자신의 책임이다. 그러면 하나님께서 그분의 백성에게 고난을 주는 목적은 무엇일까?

(1) 하나님의 공의

인간의 죄에 대한 하나님의 반응은 일차적으로 하나님의 공의로운 속성을 따른 행위라고 말할 수 있다. 하나님의 공의는 먼저 그분께서 세상을 통치하시는 역사 속에서 나타난다. 공의라는 말은 법적인 용어로서 재판에서 옳다고 확

---

19. John Currid, *Why Do I Suffer?*: Suffering & the Sovereignty of God (Ross~shire: Christian Focus, 2004), 33.
20. Albert H. Newman, "Introductory Essay on the Manichæan Heresy," in *St. Augustin: The Writings against the Manichaeans and against the Donatists*, ed. Philip Schaff, vol. 4, A Select Library of the Nicene and Post~Nicene Fathers of the Christian Church, First Series (Buffalo, NY: Christian Literature Company, 1887), 12.

정되는 것을 의미한다. 그런데 이를 하나님께 적용할 경우에는 하나님의 섭리와 판단이 공정하다는 것을 의미한다출9:27; 신32:4.[21] 그 공의는 어떤 죄도 용서할 수 없는 하나님의 속성이다. 이는 하나님께서 거룩한 분이시기 때문에 나타나는 자연스런 현상이다.

하나님께서는 죄를 용납하지 않으시고 공의로 심판하심으로써 만족하실 수 있다. 물론 궁극적으로 하나님의 공의를 만족시키는 것은 그리스도의 대속의 사역이지만, 구약에서는 하나님께서 죄를 심판하심으로써 그분의 공의가 어떻게 나타나고 또 만족되는지를 보여준다. 하나님께서는 인간의 죄와 허물을 그분의 공의에 따라서 갚으신다삼상26:23. 이 같은 하나님의 공의는 죄는 반드시 심판을 불러온다는 것을 가르치는 한편 죄에 대한 경각심을 일으킨다. 나아가 하나님께서는 죄를 싫어하고 미워하는 분이심을 드러낸다. 뿐만 아니라 인간을 회개시킴으로써 의롭게 창조된 원래의 상태로 회복되도록 한다. 결국 역사서는 고난을 가져다주는 심판에서 벗어나 하나님 앞에 설 수 있는 길은 그리스도의 의를 자신의 의로 받아들이는 믿음밖에 없음을 알려준다. 또한 역사서에서 인간의 고난으로 나타난 하나님의 모든 공의로운 심판은 최후 심판의 고통에 대한 예시가 된다.

(2) 백성에 대한 징계

이스라엘 백성에게 고난으로 나타나는 하나님의 심판은 그들을 멸망시키려는 조치가 결코 아니다. 그보다는 징계의 성격이 강하다. 즉 하나님의 심판은 백성이 깨닫고 하나님께로 돌이키어 그분과 온전한 교제를 누리도록 하려는 것이다. 이런 경우에 "고난당하는 것이 내게 유익이라 이로 말미암아 내가 주의 율

---

21. Bavinck, *Reformed Dogmatics: God and Creation*, vol. 2, 222.

례들을 배우게 되었나이다"시119:71라는 고백이 적용될 수 있다.

사사시대에 끊임없이 반복되는 이스라엘의 배교에 대해[22] 하나님께서는 그 때마다 침략자를 보내시어 그들을 심판하셨다. 하지만 그들이 회개하고 간구할 때는 그분의 뜻을 돌이키시고 사사들을 보내시어 구원하셨다. 분열왕국시대에, 특히 이스라엘의 아합과 유다의 므낫세 시대에는 바알과 아세라가 거의 공식적인 숭배의 대상이 되었다왕상16:29~33; 왕하21:3~5. 그래서 므낫세가 극심한 우상숭배와 더불어 무죄한 자의 피로 예루살렘을 가득 채우는 죄를 범했을 때왕상21:10~16, 하나님께서는 앗수르의 군대로 하여금 그를 결박해 바벨론으로 끌고 가도록 하셨다. 그러나 그가 그런 환난 가운데서 하나님께 간구하고 겸손하게 회개하자, 하나님께서는 그를 다시 왕위로 복귀시키셨다대하33:12~13. 유다의 역사에서 이는 엄청난 사건이었지만, 동시에 하나님의 심판은 멸망이 목적이 아니라 징계가 목적이라는 것을 알 수 있게 한다. 므낫세가 당한 고난은 하나의 예에 불과하다. 이 외에도 역사서에 나타난 심판, 회개, 회복 등에 대한 언약의 원리는 신명기에 제시된 것으로, 솔로몬 또한 이에 근거하여 같은 기도를 했다신30:2~3; 왕상8:33~34.

하나님의 심판이 백성에 대한 징계로 나타나는 것은, 비록 언약이 복과 저주라는 두 양면성을 지니지만 하나님의 기쁘신 뜻을 따라서 은혜가 저주보다 더 크게 나타나는 데서 볼 수 있다. 전형적인 예로는 여호야긴이 바벨론에서 왕의 대접을 받는 것을 들 수 있다. 유다는 우상숭배로 말미암아 세 차례주전 605, 597, 589년에 걸쳐 바벨론의 침략을 받아 성전이 파괴되었고, 백성들은 바벨론으로 유배되는 굴욕적인 경험을 해야 했다. 이렇게 비참한 상황에서도 열왕기의 마지

---

22. "이스라엘 자손이 또 여호와의 목전에 악을 행하니라"는 표현만 나타나고 그 내용이 적혀있지 않은 경우도 있다(삿3:12; 4:1; 6:1; 13:1). 이런 경우에도 다른 본문과 같이(2:11; 3:7) 일반적으로 이스라엘이 행한 '악'의 내용은 우상숭배였다고 할 수 있다(10:6).

막 부분은 유다의 합법적인 마지막 왕인 여호야긴이 37년 만에 석방되어 높아지는 것으로 끝맺는다왕하25:27~30.[23] 이는 하나님께서 그분의 백성을 버리지 않으신다는 약속의 성취이자, 훗날 스룹바벨의 인도 아래 그들이 고국으로 돌아오게 될 것이라는 한 가닥의 희망을 제공한다. 한편 여호야긴은 남은 자로서 그리스도의 계보를 이어갔다마1:12. 즉 비록 백성들은 그들의 죄값으로 포로생활을 하며 고난을 당하지만, 하나님께서는 새로운 신앙공동체를 세우고 구속을 위한 메시아의 길을 열어 가시는 것이다.

(3) 무고한 백성의 고난

1) 다윗의 고난

골리앗을 처단한 후 다윗은 사울 집안의 큰 환대를 받았지만, 이내 사울의 질투심으로 말미암아 쫓기는 신세가 되었다. 그는 가는 곳마다 크고 작은 사건에 연루되었다. 먼저 그가 놉에 있는 제사장들에게 가서 진설병과 골리앗의 칼을 받은 일로 제사장 85명이 생명을 잃게 되는 일이 있었다. 또한 그가 가드 왕 아기스에게로 갔을 때, 자신의 신분이 탄로나자 침을 흘리며 미친 척하다가 쫓겨나는 수치를 당한 일도 있었다. 아둘람에 이르렀을 때는 그의 가족과 기존 체제에 불평하는 사람들이 모여들게 되어, 의도치 않게 사백 명으로 구성된 일종의 산적 두목같은 비합법적 통치자의 역할을 하며 불안정한 삶을 영위해야 했다삼상22:2. 심지어 그는 유다 땅에서는 안전하지 못하다고 판단해서 부모를 모압 왕에게 맡기기까지 했다.

하지만 다윗은 이 같이 도피하는 절박한 상황에서도 하나님의 지시를 받으

---

23. 유다와 여호야긴, 그리고 그의 아들들을 위한 배식의 양이 언급된 바벨론의 행정문서에는 그가 왕의 대접을 받은 내용이 기록되었다: "유다 왕 여호야긴에게 기름 10실라(약 10리터)." 이것은 일반인보다 열 배에서 스무 배 많은 분량이었다. *ANET*, 308.

며 블레셋을 공격해 그일라 거민을 구해주었다삼상23:5. 그러나 그일라 거민들은 다윗을 배신하고 그를 사울에게 넘겨줄 참이었다삼상23:12. 어쩔 수 없이 그는 육백 명으로 늘어난 무리를 이끌고 십 광야 수풀로 피해야 했는데, 오히려 거기서 그는 요나단의 격려를 받을 수 있었다. "내 부친 사울의 손이 네게 미치지 못할 것이요 너는 이스라엘 왕이 되고 나는 네 다음이 될 것을 내 부친 사울도 안다"삼상23:17.

다윗은 도피하던 중에 사울을 죽일 수 있는 기회가 두 번 있었다. 한 번은 엔게디 동굴에 있을 때였고삼상24:6. 다른 한 경우는 하길라 산에 숨어 있을 때였다삼상26:15~16. 하지만 다윗은 그런 기회에서도 사울을 죽이지 않았다. 그러자 사울은 다윗에게 "네가 큰 일을 행하겠고 반드시 승리를 얻으리라"고 말했다삼상26:25. 또한 다윗은 도피 생활을 하면서 부유한 사람들의 후원을 독려하며 생계를 유지한 것으로 보인다. 그중에 대표적인 것이 나발과 관련된 사건이다. 이 사건에서 그는 아비가일의 예언적 고백를 듣게 된다. "사람이 일어나서 내 주를 쫓아 내 주의 생명을 찾을지라도 내 주의 생명은 내 주의 하나님 여호와와 함께 생명싸개 속에 싸였을 것이요 내 주의 원수들의 생명은 물매로 던지듯 여호와께서 그것을 던지시리이다"삼상25:29.

다윗은 점차 백성들도 자기를 귀찮게 여기고 밀고하는 상황이 되자 더 이상 피할 곳이 없다고 판단하고 절망적인 상태에서 가드 왕 아기스에게 항복하고 만다삼상27:1~2. 당시 기름부음 받은 메시아로서 다윗의 심경은 참담했을 것이다. "나의 유리함을 주께서 계수하셨으니 나의 눈물을 주의 병에 담으소서 이것이 주의 책에 기록되지 아니하였나이까"시56:8. 아기스에게서 시글락을 영지로 받은 다윗은 아기스의 기대와는 반대로 유다를 괴롭히는 인근 아말렉족과 사막의 다른 부족을 공격했다삼상27:8~12. 뿐만 아니라 그들에게서 빼앗은 전리품을 공정하게 나누어줌으로써 그가 변함없는 이스라엘의 보호자요 동료라는 것을 확인시켰다.

이와 같은 약 십년에 걸친 다윗의 방랑생활은 젊은 다윗에게는 너무나 가혹한 시련의 기간이었음에 틀림없다. 그러나 그는 숱한 압박과 어려움 속에서 하나님을 의지하는 법을 배웠다. 그래서 그는 이 길을 '의의 길'이라고 고백했던 것이다시23:3. 그 길은 하나님의 인도하심 속에서 그가 마땅히 가야 할 길이었다. 하나님께서는 이러한 도피생활을 통해 그가 왕으로 가는 길을 열어 주셨다. 그러므로 무고한 다윗의 고난은 왕위계승에 정통성 없는 자가 왕이 되기 위해 거쳐야 했던 필수적인 과정이었던 것이다. 즉 그의 고난은 예비적인 의미가 있었다.

2) 미가야의 고난

아합은 미가야를 감금하고 그에게 고난의 떡과 물을 먹이라고 했다왕상22:27; 대하18:26. 미가야는 왕을 대면하기 전에 왕의 사자에게서 그 역시 거짓 선지자들과 같이 보조를 맞추어서 왕의 마음에 맞는 말을 하도록 요청받았지만왕상22:13; 대하18:12, 단호하게 거절한 채 하나님의 계시에 따라 아합의 재앙을 예언했다. 그 결과로 그는 거짓 선지자 스가랴에게서 뺨을 맞고 왕의 명령에 의해 옥에 갇히는 신세가 되었다. 하지만 이러한 미가야의 반응은 자신의 정치적 영향을 위해서 여호와의 참 선지자의 신분을 포기하지 않겠다는 의지를 나타낸 것이었다신 18:18b. 그런데도 아합은 아사가 하나니를 옥에 가둔 것과 같이 미가야를 옥에 가두라고 했다대하16:10. 아합이 그를 옥에 가두는 것은 아마도 거짓 선지자에 관한 율법조항을 나름대로 적용했기 때문일 것이다신13:5.

한편 "고난의 떡과 고난의 물"에서 '고난'으로 번역된 히브리어 '라하츠'는 '압제'를 의미하지만, 그것이 음식과 관련될 때는 생존을 위한 최소한의 양을 의미

한다.[24] 미가야는 아합이 평안히 돌아올 때까지 옥에서 연명해야 했다. 만일 그
가 돌아온다면 석방될 수 있을지도 모른다. 그러나 미가야는 거기에 개의치 않
고 하나님의 말씀이 성취되는 것에만 관심을 두었다. "왕이 참으로 평안히 돌
아오시게 된다면 여호와께서 내게 말씀하지 아니하셨으리이다"왕상22:28a; 대하
18:27a. "너희 백성들아 다 들을지어다"라는 미가야의 외침은 모든 백성이 하나
님의 말씀을 깨닫고 하나님께 순종할 것을 요구하는 것이었다. 이렇듯 미가야
는 참 선지자로서의 역할을 하는 가운데서 고난을 당했다. 이런 고난의 이유는
좀처럼 설명하기 어렵다. 하지만 의를 위해서 핍박을 받으며 그가 전한 말씀 사
역을 통해 하나님의 공의로운 심판이 성취되고, 나아가 그것이 이스라엘에게 돌
이키라는 큰 경고가 되었을 것이다.

5. 고난의 본질

역사서에 나타난 고난의 형태는 다양하다. 일단 한글성경 개역개정판에서 '고
난'으로 표현된 네 가지의 경우를 보면 다음과 같다. 첫째, 여로보암 2세 때 요나
가 이스라엘이 영토를 확장할 것이라고 예언했는데, 그 이유는 하나님께서 이스
라엘의 고난이 극심한mōreḥ meʾōd 것을 보시고 주권적인 은혜를 베푸셨기 때문
이다왕상14:25~26. 그때 이스라엘의 고난이란 아람왕상10:32; 13:3~7과 모압왕상13:20
그리고 암몬암1:13에 의한 정치적인 억압을 의미한다. 둘째, 아사랴가 "하나님께
서 여러 가지 고난으로 요란하게 하심으로써 나라와 나라, 성읍과 성읍이 서로
치고 피차 상했다."라고 한 것은 사사시대의 전쟁을 가리킨다대하14:6.[25] 셋째, 미

---

24. *HALOT*, 527.
25. "이 나라와 저 나라가 서로 치고"라는 상황은 사사시대에 여러 나라들로부터 당한 침략과 그들을 격퇴하는 전

가야가 당하는 고난의 떡과 물은 감금과 궁핍을 의미한다대하18:26. 넷째, "주께서 우리 조상들이 애굽에서 고난 받는 것을 감찰하시며"느9:9에서 고난은 애굽에서 당한 학대를 의미한다.

이 외에도 한나가 당한 고통은 심적인 고통으로 봐야 한다삼상1:11. 그 고통에는 복선이 깔려있는데, 그것은 자녀가 없어서 당하는 고통과 이스라엘의 타락으로 인한 고통일 것이다삼상2:1~10. 그리고 나오미즐거운 자가 당한 괴로움은 재산을 잃은 것이라기보다는 남편과 두 아들을 잃은 것이라 할 것이다룻1:21. 그녀는 하나님의 은혜를 누리지 못하는 상태에서 더 이상 즐겁지 않았기 때문에 자신을 '마라'라고 부르라고 했다. 또한 다윗의 경우에 고난은 백성의 질병과 관련되며, 역사서 전체에서 이스라엘의 가장 큰 고난은 나라를 잃고 유배생활을 하는 것이다.

이렇듯 고난의 형태는 다양하지만 그 본질은 하나로 설명된다. 즉 고난과 고통은 기본적으로 죄로부터 온다는 것이다. 물론 그 이유를 모르는 경우도 있지만, 그것은 언제나 하나님의 주권적인 역사이다. 백성에게 있어서 고난은 단순히 결핍이나 전쟁의 참상, 억압, 포로된 상태만을 의미하지 않는다. 오히려 그들에게 고통의 본질은 하나님의 은혜를 더 이상 경험하지 못하는 것이다. 다시 말해 하나님과 은혜로운 교제를 누리지 못하는 것이다. 이는 다윗이 언약궤를 가지고 피신한 것을 보면 알 수 있다. 그는 환난 가운데서도 하나님과 동행하는 복을 놓치고 싶지 않았던 것이다삼하15:24.[26] 비록 역사서에는 하나님과 떨어져 있

쟁을 가리킨다(삿3:8,10,13~29; 4:2,13~24; 6:2; 7:19~23 등). 그리고 "이 성읍이 저 성읍과 또한 그러하여 피차 상한 바 되었나니"란 말은 그 시대에 성읍간의 싸움이나 지파간의 싸움을 염두에 둔 표현이다(숙곳과 브누엘: 삿8:15~17; 에브라임과 길르앗: 8:1~6; 베냐민과 전쟁: 20:1~48). 이 시대에 백성이 당한 고난은 하나님께로부터 온 것이었다. "이는 하나님이 여러 가지 고난으로 요란하게 하셨음이라"(6b).

26. 다윗이 제사장 사독에게 언약궤를 도로 갖다 두도록 한 것은 그가 다시 예루살렘으로 돌아갈 것을 어느 정도 믿고 있었다는 말이다. "만일 내가 여호와 앞에서 은혜를 얻으면 도로 나를 인도하사 내게 그 궤와 그 계신 데를 보이시리라"(삼하15:25).

는 것이 고통스럽다는 표현이 제대로 나타나지 않지만, 시편기자들의 노래에서는 그 심정이 잘 표현되어 있다시42, 137편. 이에 반해 성도들에게 복된 상태는 은혜 가운데 하나님과 생명의 교제를 나누는 것이다. 고난의 본질은 죄로 인해서 하나님과 멀어지는 것이지만, 하나님께서는 오히려 고난을 통해서 이런 본질적인 문제를 해결하도록 하신다. 따라서 백성이 당하는 고난은 쓰라린 면이 있지만, 한편으로 이것은 최후 심판에 경고가 될 뿐 아니라 궁극적으로 예수 그리스도의 고난을 통한 구속을 바라보도록 한다.

6. 나가면서

역사서에서 백성의 고난은 주로 인간의 죄에 대한 하나님의 언약적 심판으로 나타난다. 그것은 개인이든, 공동체든 쓰라린 경험이겠지만, 궁극적으로 하나님께서 기뻐하시는 주권 아래에서 이루어진다. 그 결과로 개인이나 공동체가 정화되고 회복되는 역사를 경험하게 된다. 하나님께서는 고난이 따르는 심판을 통해 그분께서 공의로운 분임을 알리시는 한편, 백성으로 하여금 죄에 대한 경각심을 갖도록 하신다. 그러므로 고난은 하나님께서 그분의 백성을 다루시는 하나의 방법으로서 그들이 하나님의 뜻을 깨닫고 언약의 자녀로 자라가게 하는 기능이 있다. 그래서 고난도 유익하다고 고백할 수 있는 것이다. 역사서에서 실패한 백성이 고난에서 벗어나는 길은 하나님의 약속으로 주어진 메시아의 길을 따르는 것이다. 따라서 역사서에서의 고난은 최후의 심판에서 벗어나는 그리스도의 구속을 대망하도록 한다.

성경 색인

주제 색인